AF342472

Le futur de l'Europe se joue en Afrique

Éditions Eyrolles
61, bd Saint-Germain
75240 Paris Cedex 05
www.editions-eyrolles.com

© Éditions Eyrolles, 2019
ISBN : 978-2-212-57081-6

Jean-Luc Buchalet
Christophe Prat

Le futur de l'Europe se joue en Afrique

Éditions
EYROLLES

Sommaire

En dehors des BRIC (Brésil, Russie, Inde et Chine), qui ont connu une croissance époustouflante en comblant une grande partie de leur retard par rapport aux pays occidentaux depuis l'entrée de la Chine dans l'OMC en 2001, de nombreux pays dits « frontières[1] », comme les Philippines, l'Indonésie, le Bangladesh ou les pays de l'ex-Indochine, conservent encore un potentiel de croissance important. Cependant, leur poids démographique et économique reste insignifiant au regard de celui des gros mastodontes que constituent les BRIC. En aucun cas ils ne pourront se substituer à eux ni compenser le ralentissement qu'ils subissent actuellement. Seule l'Inde fait exception dans notre prédiction avec un potentiel de croissance encore favorable malgré les nombreux obstacles qui subsistent, notamment celui d'une économie largement autocentrée. De nombreux pays émergents sont tombés dans le piège du revenu intermédiaire (« *middle income trap* »). Ce piège se referme sur les États qui n'arrivent plus à générer des gains de productivité suffisants, et dont les populations préfèrent épargner plutôt que de consommer. Une fois passée la première étape de rattrapage et d'industrialisation, ces pays voient leur croissance s'affaiblir, les empêchant de converger vers le niveau de vie des économies avancées. Le revenu par habitant reste à des années-lumière de celui des pays riches. Même en Chine où la croissance a été spectaculaire au cours des trente dernières années, le revenu par habitant reste peu élevé à seulement 8 700 dollars, soit 6,6 fois moins qu'aux États-Unis (58 200 dollars).

---

1. Pays frontières : pays émergents présentant un potentiel de croissance important par rapport aux BRIC et autres grands émergents.

Dans ce contexte, de nombreuses personnes reportent leurs espoirs sur le continent africain, qui s'annonce comme le plus peuplé de la planète en 2050 avec plus de 2,5 milliards d'habitants (1,25 milliard aujourd'hui), alors que l'Europe devrait en perdre 5 millions. L'Afrique peut-elle prendre le relais de la Chine dont la population va baisser de 30 millions d'habitants d'ici 2050 ? Le PIB cumulé des cinquante-quatre pays africains reste inférieur au PIB français. Le retard est considérable, et donc le potentiel de rattrapage d'autant plus important, au moins en théorie.

De tous les continents, l'Afrique est celui dont l'image a le plus changé. Il revient sur le devant de la scène grâce à l'accélération de sa croissance économique depuis 2004[1]. De nombreuses études ou articles la présentent comme un futur Eldorado. Après avoir connu un « afro-pessimisme » largement justifié, nous assistons aujourd'hui à un « afro-optimisme » extatique, souvent déconnecté des réalités du terrain. Au fatalisme longtemps entretenu[2], « il n'y a pas d'eau, pas d'électricité, pas de routes, donc on ne peut rien faire », a succédé un renversement d'image : « Il n'y a pas d'eau, pas d'électricité, pas de routes, donc tout reste à faire et ceci constitue un réservoir de croissance fantastique. »

Parler de l'Afrique n'est pas évident compte tenu de l'immensité du territoire (30,4 millions de kilomètres carrés), soit plus que la superficie des États-Unis, de l'Union européenne et de la Chine réunis, et de sa diversité géographique et climatique[3]. Ce continent, qui comprend 54 pays, constitue la troisième puissance démographique mondiale et dispose de plus

---

1. Jean-Luc Buchalet, *Le Capitalisme et les 7 péchés capitaux*, Plon, 2017, p. 145.
2. Sylvie Kauffmann, « Afrique, allers-retours », *Le Monde*, 13 septembre 2015, p. 27.
3. Julien Wagner, *Chine Afrique, le grand pillage*, Eyrolles, 2015.

de 2 000 langues en plus du français, de l'anglais, du portugais et de l'arabe. La biogéographie, le climat, l'histoire et la colonisation l'ont façonné de façon très hétérogène. La disparité est aussi très forte entre pays producteurs et pays non producteurs de matières premières. Le contexte religieux est loin d'être uniforme et provoque de nombreuses tensions entre les différents courants islamiques (sunnites, chiites, alaouites…), les animistes et les chrétiens. Sans oublier la bande sahélienne qui constitue une barrière naturelle entre deux mondes : le désert et la région tropicale.

L'annulation de 90 % de la dette publique d'une trentaine de pays du continent africain, soit un cadeau de 120 milliards de dollars, entre 1996 et 2005, a permis à l'économie africaine de bénéficier d'une véritable embellie. Au cours des quinze dernières années, le PIB par habitant en parité de pouvoir d'achat en dollar constant a augmenté de 34 % et l'espérance de vie s'est améliorée de huit ans. Entre 2000 et 2015, le taux de scolarisation des enfants est passé de 64 à 80 % dans le primaire, et de 28 à 39 % dans le secondaire. Les décès imputables au paludisme ont chuté de 30 %, alors que le nombre d'infections dues au sida a reculé de 74 %.

L'émergence d'une classe moyenne a dynamisé le secteur de la consommation. L'Afrique est en train de se « bancariser ». La manne pétrolière ainsi que la richesse fabuleuse de son sous-sol permettent d'envisager pour la zone un avenir plus radieux. L'arrivée de nouveaux investisseurs, chinois en grande partie, attirés par l'immense richesse minière de la région, l'émergence de nouvelles entreprises africaines plus performantes et plus internationales, et le développement de l'Internet et de la téléphonie mobile, constitue un réel changement. Mais le redressement africain est-il durable ? Après le terrible gâchis de la période postcoloniale et ce, jusqu'en 2000, la prophétie de l'agronome René Dumont en 1962, père de l'écologie scientifique en France, l'« Afrique noire est mal partie », appartient-elle au passé ? Aux yeux de nombreux observateurs, l'un de ses derniers ouvrages, paru en 1986 chez Plon, *Pour l'Afrique j'accuse*, semble au contraire prémonitoire. Au vu des derniers résultats plus favorables du continent, René Dumont n'était-il pas trop pessimiste ? Son analyse ne repose-t-elle pas sur des schémas dépassés ? En ce début de XXIᵉ siècle, l'Afrique n'a-t-elle pas démontré sa capacité à reprendre le chemin de la croissance en se reconnectant à l'activité mondiale ? Le continent, qui détient d'immenses réserves de matières premières et plus d'un tiers des ressources naturelles de la planète, ne pourrait-il pas sauver la croissance mondiale ?

L'Europe a enfin compris que le monde entrait dans une nouvelle phase de la mondialisation où les rapports de force entre les principales puissances économiques ont profondément changé. Depuis 2001, la croissance hyperbolique des pays asiatiques émergents a modifié leur comportement de fausse soumission aux idéaux démocratiques de l'Union européenne[1]. L'alliance entre Pékin et Moscou est largement fondée sur un rejet conjoint de l'État de droit, tel que le conçoivent les Occidentaux. L'ONU est paralysée, presque autant que durant la guerre froide. L'universalisme est de nouveau en danger. Xi Jinping, nouvel empereur qui a vu son mandat de président renouvelé à vie à la suite du 19ᵉ congrès du Parti communiste chinois à l'automne 2017, a soigneusement effacé les traces de Deng Xiaoping, le petit timonier, et de sa doctrine du « *soft power* ». Le pouvoir central assume désormais sa vision économique et politique : un capitalisme autoritaire qui se voit comme un modèle alternatif à la démocratie libérale.

---

1. Jean-Luc Buchalet, *Le Capitalisme et les 7 péchés capitaux*, op. cit., p. 26.

Le retour du nationalisme et le rejet populaire des instances supranationales sont un marqueur fort de notre époque[1]. L'accentuation de la polarisation des sociétés (écart des richesses) conduit à une peur du déclassement. Les individus ont le sentiment d'être dépouillés d'une part de leur identité culturelle et politique. Comment répondre au rejet de la globalisation autrement que par le repli identitaire et national ? C'est là tout l'enjeu sur lequel repose l'équilibre du monde. Et, quelles que soient les réponses apportées, elles devront nécessairement passer par la création de véritables espaces de délibération démocratique à l'échelon supranational.

Tous ceux qui pensaient que Donald Trump allait s'assagir après sa victoire électorale se sont trompés. Le président américain n'a cessé de choquer l'opinion au-delà de ses frontières avec ses *tweets* ravageurs. Ses propos racistes traitant de « pays de merde » certains États africains ont consterné. Les ambassadeurs du groupe africain aux Nations unies ont exigé de lui des excuses qu'il n'a bien évidemment pas prononcées. Le groupe de l'ONU est « préoccupé par la tendance continue et grandissante de l'Administration américaine vis-à-vis de l'Afrique et des personnes d'origine africaine à dénigrer le continent, et les gens de couleur ». Avec le président américain, la mondialisation ne disparaît pas, elle se transforme en un immense champ de bataille où les États-Unis, la Russie et la Chine défendent coûte que coûte leurs intérêts au détriment des autres pays et de l'Afrique en particulier. Par ailleurs, le rapprochement de la Chine, perçu par les pays africains comme une alternative à la vieille alliance des anciens pays colonisateurs et semblant offrir une voie séduisante vers le développement, s'est révélé tout autre. L'empire du Milieu pille sans vergogne les richesses

---

1. Augustin Landier, « Le crépuscule du supranationalisme », *Les Échos*, 4 juillet 2018, p. 10.

minières, agroforestières et agricoles du continent, sous couvert de coopération et de prêts bonifiés avec un relent de néocolonialisme : une dépendance à long terme pour d'hypothétiques gains à court terme.

Avec Donald Trump, le continent africain et l'Union européenne sont prévenus. « Nous aimons les pays de l'Union européenne, a-t-il déclaré. Mais l'Union européenne, bien sûr, a été créée pour tirer parti des États-Unis. Et nous ne pouvons pas laisser cela se produire[1]. » Aucun président américain n'a jamais présenté l'UE comme un complot pour affaiblir les États-Unis. Dans le domaine géopolitique, les intérêts de l'Afrique et de l'UE convergent. Les deux zones géographiques ne sont séparées que par la mer Méditerranée et sont reliées par une histoire et un destin communs. L'Union européenne a définitivement rompu avec l'âge de l'innocence[2]. Les pays européens de 2018 ne sont plus ceux de 2000, ouverts à tout vent. Ils ont pris conscience de la nécessité de se protéger. La naïveté n'est plus de mise. Sous l'égide du président Emmanuel Macron, la France et les autres pays membres veulent relancer l'idée d'une coopération renforcée entre les deux rives de la Méditerranée. Des deux côtés du bassin méditerranéen, « il y a une histoire, des projets, des diasporas, des jeunesses qui se regardent et n'attendent que de faire », a affirmé le président français dans un discours en janvier 2018 à Tunis.

Quand on a voyagé en Afrique, on reste fasciné par ses paysages qui bouleversent le cœur, et par ses populations capables de déployer des trésors de finesse, de sensibilité artistique et de sagesse… « La puissance de la nature balayant en quelques

---

1. Jean Pisani-Ferry, « Avec Trump, l'Europe affronte-t-elle Ubu ou Machiavel ? », *Les Échos*, 6 juillet 2018, p. 11.
2. Sylvie Kauffmann, « Comment gérer Poutine ? », *Le Monde*, 22 mars 2018, p. 26.

secondes les arrangements factices de l'homme. Contrairement à ce qu'on pense, personne n'est au-dessus des lois en Afrique, parce qu'il s'agit des lois de la nature. L'atmosphère y est plus saine qu'aux États-Unis par exemple, où l'homme est souverain. Puis Katrina passe et tout le monde est remis en place. En Afrique, Katrina, c'est tous les matins : alors, pas question de se prendre pour le pape[1]. »

L'Afrique peut aider l'Union européenne à garder son rang dans les instances internationales et maintenir son poids économique, et l'UE investir massivement en Afrique pour accélérer sa croissance. Le continent africain ne fournira-t-il pas l'essentiel du capital humain dont auront besoin les pays occidentaux en plein déclin démographique ? Le rapport des populations entre l'Europe et l'Afrique passera de un pour deux aujourd'hui à plus de un pour cinq en 2050. Le constat est encore plus impressionnant lorsque l'on se réfère à la tranche d'âge la plus dynamique des 18-25 ans avec un rapport de un pour vingt.

L'Afrique ne peut-elle pas devenir l'arrière-cour industrielle « low cost » de l'Europe comme l'est actuellement l'Asie ? Le Maroc n'a-t-il pas montré le chemin en constituant des hubs industriels à Tanger ? La proximité géographique, linguistique et juridique devrait aider le continent européen à élaborer une stratégie commune.

Dans ce monde qui n'est plus ni multipolaire ni bipolaire, mais de plus en plus chaotique, l'Afrique va-t-elle trouver sa place ? « Avec la décomposition du capitalisme, avec le changement technologique majeur, on ne vit pas 1958 avec l'arrivée de la Ve République, on vit la Renaissance. Notre civilisation peut disparaître. Les petites compromissions et les pratiques disciplinaires ne sont plus à la hauteur des enjeux[2]. »

---

1. Jean-Christophe Grangé, *Lontano*, Albin Michel, 2015, p. 534.
2. Philippe Besson, *Un personnage de roman*, Julliard, 2017, p. 13.

Comment le continent africain va-t-il gérer sa transition vers la construction d'États modernes au service des Africains et non plus au profit de telle ou telle ethnie, ou de tel groupe prédateur ? Quel va être l'impact de la quatrième révolution industrielle (robotique, intelligence artificielle, e-entreprise…) sur la croissance africaine ? Ne risque-t-on pas de voir se développer une société à deux vitesses où une partie de la population africaine restera sur le bord du chemin ? Quelles conséquences le réchauffement climatique aura-t-il sur le continent ? L'Afrique va-t-elle retrouver le chemin de la croissance initiée en 2004 après le ralentissement dû à l'effondrement du prix des matières premières ?

À toutes ces questions, de nombreuses réponses sont apportées dans notre ouvrage. Le défi qui attend le continent africain est immense. Les fondations d'une zone de libre-échange africaine ont été posées lors du sommet de mars 2018 à Kigali, au Rwanda. L'enjeu est de doper le commerce intra-africain qui reste désespérément faible. À terme, les droits de douane seront supprimés sur 90 % des produits. En facilitant les échanges et en protégeant la chaîne de valeur régionale africaine, les bases d'une industrialisation pour des produits à plus forte valeur ajoutée pourront être mises en place[1].

Le gâchis africain ne doit pas être une fatalité car l'Afrique a de nombreux atouts qui permettent une nouvelle espérance. Même si l'on ne sait pas exactement quelle configuration prendra la relation Afrique-Europe, une chose est sûre : le futur de l'Europe se jouera en Afrique.

---

1. Marie de Vergès, « L'Afrique pose les fondations d'une zone de libre-échange », *Le Monde*, 22 mars 2018, p. 8.

I

L'Afrique et l'Europe : une longue histoire commune

Chapitre 1

1884 : l'année où l'Europe s'est partagé l'Afrique

Les premiers contacts des Européens avec l'Afrique subsaharienne ont eu lieu dès le XVe siècle, mais les explorations occidentales du continent africain et son exploitation n'ont véritablement commencé qu'à la fin du XIXe siècle. Jusqu'au XVIIIe siècle, les Européens qui fréquentaient les côtes africaines représentaient plus des intérêts privés que ceux des États. Leurs bateaux, qui jalonnaient les côtes africaines, échangeaient les esclaves que les chefs noirs leur procuraient en échange de marchandises : de l'eau-de-vie, du tabac, des tissus bon marché très colorés, de la verroterie, des armes à feu et de la poudre. Les esclavagistes utilisaient aussi des cauris – coquillages provenant des îles Maldives –, qui servaient de monnaie en Afrique. Dès les transactions réalisées, ils se dépêchaient de fuir la chaleur moite ou sèche et les maladies tropicales qu'ils redoutaient le plus[1]. À leurs yeux, ce continent, frappé de pluies diluviennes qui semblaient dissoudre la terre, offrait une vision apocalyptique. La situation n'évolua que très lentement au cours de la première partie du XIXe siècle. L'intérêt pour l'Afrique n'est venu que beaucoup plus tard.

Tout au long du XIXe siècle, la population africaine a très peu augmenté, passant de 101 millions à seulement 118 millions

---

1. Henri Brunschwig, *Le Partage de l'Afrique noire*, Flammarion, 1971, p. 20.

d'individus, alors que l'Europe (y compris la Russie) connaissait un boom démographique sans précédent, passant de 195 millions à 422 millions d'individus, lui donnant un avantage démographique incontestable sur les Africains. La quasi-stagnation de la population africaine au XIXe siècle résulte en partie de la traite des Noirs. Du XVe au XIXe siècle, entre 9,5 et 10 millions d'Africains noirs, jeunes et en pleine santé ont été transportés de force vers l'Amérique ou les archipels de l'Atlantique : une véritable saignée.

L'Afrique subsaharienne, comme l'Asie, reste à l'écart de la première révolution industrielle et du processus de mondialisation dû à l'accroissement des échanges maritimes qui installent définitivement la supériorité européenne sur le monde. Malgré une forte progression de la population nord-africaine à la fin du XVIIIe siècle, l'Afrique méditerranéenne reste spectaculairement peu peuplée avec 8 millions d'habitants en 1800 et seulement 23 millions en 1900.

UNE COLONISATION FRANÇAISE TARDIVE

Dans la première phase de la colonisation africaine, les Français ont contribué de façon marginale à l'immense œuvre d'exploration du continent qui s'était organisée principalement sous l'égide des Anglais. Au milieu du XIXe siècle, les Européens avaient déjà cartographié la plupart du nord-ouest de l'Afrique. À la fin du XIXe siècle, ils avaient dressé des cartes du Nil depuis sa source, du cours du Niger, du Congo et du Zambèze. Le monde occidental disposait enfin d'outils pour évaluer le potentiel du continent, notamment au travers de ses immenses ressources de matières premières. Les progrès technologiques des sciences et de la médecine résultant de la première révolution industrielle ont accéléré l'expansionnisme colonial. Le développement de la quinine, un traitement efficace contre la malaria, a permis de pénétrer les vastes zones tropicales. En 1870, seulement 10 % de l'Afrique étaient sous le contrôle des nations européennes. L'Algérie et le Sénégal étaient déjà sous domination française, le Cap et la Gambie étaient tenus par les Anglais, et l'Angola et le Mozambique étaient aux mains des Portugais.

Le partage de l'Afrique a été scellé au cours de la conférence de Berlin en 1884 sans que les Africains y soient conviés. À l'époque, l'expansion coloniale africaine n'était aux yeux des chancelleries que secondaire[1]. Elle était avant tout subordonnée au jeu des rivalités et des alliances en Europe. Jusqu'en 1871, la partie s'est jouée au sein d'un concert d'États limité à l'Angleterre, la France, l'Autriche-Hongrie, la Prusse et la Russie. Les autres nations du monde n'ont eu qu'une influence marginale dans cette phase. Les États-Unis formaient une puissance de second rang qui absorbait l'essentiel de l'émigration européenne. La Chine et le Japon commençaient à peine à s'ouvrir sur l'Europe. L'Espagne et le Portugal, repliés sur eux-mêmes, étaient financièrement affaiblis et instables. L'Afrique noire n'intéressait que marginalement les diplomates. Il ne serait jamais venu à l'idée de la France de provoquer un conflit avec l'Angleterre à cause d'un morceau d'Afrique[2]. La situation changea rapidement au cours des années 1870 car les conditions du partage du continent étaient enfin réunies. L'Afrique commençait à intéresser un cercle plus large que les seuls humanistes, savants, missionnaires ou commerçants. La plupart des gouvernements européens n'étaient cependant pas disposés à s'engager dans de coûteuses expéditions de conquête. Après la défaite de 1871, les rapports entre Français et Allemands

---

1. *Ibid.*, p. 101.
2. *Ibid.*, p. 24.

se sont très vite dégradés. La France souhaitait compenser sa défaite militaire et montrer au monde qu'elle « reprenait son rang de grande puissance », selon l'expression de Jules Ferry[1]. Il fallait prouver que l'armée française était encore capable de victoire. Néanmoins, l'Empire français d'Afrique noire a été conquis dans la plus grande indifférence de l'opinion publique française. De son côté, Bismarck était plutôt hostile à pratiquer une politique coloniale de grande envergure. Et les représentants de la jeune et déjà puissante industrie allemande, et les politiques, favorables au libre-échange, n'y étaient pas favorables. Des considérations de politique intérieure ont été invoquées pour expliquer le revirement du chancelier en 1884. Le mémoire que le conseiller intime de légation aux Affaires étrangères, Henri de Kusserow, lui fit parvenir en 1884, le décida finalement à aller de l'avant.

La conférence de Berlin scelle le destin de l'Afrique

La conférence de Berlin aboutit principalement à édicter les règles officielles de la colonisation de l'Afrique. La conférence fut ouverte en novembre 1884 par le prince de Bismarck siégeant au bout d'une large table en fer à cheval en face de laquelle figurait la grande carte approximative de l'Afrique de Kiepert[2]. Dès le début, la conférence s'inscrivit dans le cadre de l'histoire des relations internationales. Bismarck en profita pour affirmer un peu plus le rôle central de l'Allemagne dans le concert des nations. Les peuples et les rois africains avaient été tenus à l'écart de toutes les discussions. De leur côté, la plupart des quatorze puissances invitées n'avaient pas

---

1. *Ibid.*, p. 35.
2. *Ibid.*, p. 60.

jugé utile d'y envoyer leurs meilleurs spécialistes, leur préférant de simples ambassadeurs[1]. L'ensemble des débats auraient pu être expédiés en quinze jours, si l'on n'avait pas attendu le résultat des négociations poursuivies en marge de la conférence par Léopold II, roi des Belges, sur le difficile partage du bassin du Congo. Les susceptibilités nationales s'exprimèrent rapidement sur l'étendue des territoires où devrait régner la liberté du commerce. Le destin de l'Afrique fut ainsi scellé sans que les Africains n'aient eu voix au chapitre. Les Français étaient plus préoccupés par « la ligne des Vosges » que par le sort des Africains. Pour la plupart des puissances, le principal but de la conférence était de préserver le libre-échange, plus que les annexions récentes de la France et du Portugal. Si une puissance établissait sa souveraineté, elle n'en serait pas moins obligée de laisser la libre circulation des commerçants, même ennemis, sur ses territoires. Constatant que les Africains n'étaient pas représentés lors de la séance inaugurale, certains humanitaires s'exprimèrent à travers deux déclarations de principe. L'une dans l'article 6 mentionnant la liberté de navigation du Congo, où ceux-ci réaffirmèrent la liberté religieuse et la protection des missionnaires et des voyageurs. L'autre interdisant la traite des Noirs, à laquelle tous les signataires avaient déjà renoncé. Une longue discussion rocambolesque ne permit pas d'interdire la vente de spiritueux aux indigènes, laissant aux gouvernements locaux le soin de réglementer ce commerce, c'est-à-dire de l'autoriser !

---

1. À l'initiative du Portugal et organisée par Bismarck, l'Allemagne, l'Autriche-Hongrie, la Belgique, le Danemark, l'Empire ottoman, l'Espagne, la France, la Grande-Bretagne, l'Italie, les Pays-Bas, le Portugal, la Russie, la Suède-Norvège ainsi que les États-Unis y participèrent.

LES PEUPLES ET LES ROIS AFRICAINS
EXCLUS DES NÉGOCIATIONS

À aucun moment l'Afrique n'a été considérée comme un interlocuteur acceptable lors de la conférence[1]. Le partage de l'Afrique fut exclusivement l'affaire des puissances européennes. Étrangers à la notion même de respect des peuples africains, les Occidentaux pensaient avant tout à imposer leur modèle de développement. Les frontières alors établies ont fait peu de cas des fleuves, des chaînes de montagnes et des circuits commerciaux[2]. Elles ont été tracées par des bureaucrates qui n'avaient jamais mis les pieds en Afrique et qui, en divisant sans nécessité des zones historiques homogènes, des royaumes et des tribus, ont ignoré les identités ethniques et religieuses qu'ils recouvraient.

Ce choc des civilisations n'est pas propre au continent africain. Le même phénomène s'était déjà produit au temps des conquistadors, lors de l'annexion de l'Amérique latine par les Espagnols, en Océanie au début du XIXe siècle avec la colonisation de l'Australie et de la Nouvelle-Zélande par les Anglais ou en Indochine avec les conquêtes françaises. L'évolution de l'humanité n'a jamais été commandée par la tradition ou les bons sentiments mais par les pays qui disposaient des technologies les plus avancées et de la puissance de feu. Les peuples colonisés restèrent dépendants des puissances européennes jusqu'au jour où ils eurent la possibilité de s'approprier certaines de ces technologies, ce qui contribua alors à leur progrès et à leur émancipation. La Chine illustre parfaitement ce propos. Elle n'a pu assurer réellement son leadership que

---

1. Henri Brunschwig, *Le Partage de l'Afrique noire*, *op. cit.*, p. 86.
2. Yuval Noah Harari, *Homo deus. Une brève histoire de l'avenir*, Albin Michel, 2017, p. 187.

lorsqu'elle a pu s'approprier les technologies des pays occidentaux qu'eux-mêmes lui ont apportées naïvement sur un plateau au début des années 1990.

En l'absence des Africains, les accords de partage du continent en 1884 ont reflété avant tout la préoccupation des Blancs. Le statut des territoires fut dicté par les concessions que les puissances coloniales s'étaient faites entre elles, en dehors du continent.

DES FRONTIÈRES ARTIFICIELLES, TRACÉES EN TOUTE ILLOGIQUE

La seule modification importante apportée à la carte de l'Afrique coloniale fut le compromis du 4 novembre 1911 par lequel la France, en échange de la reconnaissance du Maroc, cédait à l'Allemagne une bande de son territoire congolais au sud du Cameroun et deux enclaves assurant la communication entre le Cameroun et les fleuves du Congo et de l'Oubangui. Ces enclaves disparurent après la défaite de l'Allemagne, en 1918, qui fut privée de ses colonies au profit de la Belgique (Rouanda, Burundi), de l'Angleterre (Afrique orientale, désormais nommée Tanganyika), de l'Union sud-africaine (Sud-Ouest africain). Le Togo et le Cameroun furent partagés entre la France et l'Angleterre.

Si l'on compare la carte de l'Afrique colonisée de 1918 à celle d'aujourd'hui, on voit bien que les modifications restent relativement minimes[1]. Les frontières artificielles des colonisateurs furent tracées de manière totalement arbitraire. Par exemple, la Gambie libre n'aurait-elle pas été mieux associée avec le Sénégal indépendant au nord plutôt qu'avec le tracé retenu au temps

---

1. *Ibid.*, p. 96.

des négociations entre la France et l'Angleterre ? L'enclave
espagnole du rio Mundi a formé un État indépendant, alors
qu'il aurait été plus logique que ce territoire rejoigne le Gabon
ou le Cameroun aux populations apparentées. Avec la désinté-
gration des empires européens, les colonies accédèrent à l'indépendance en acceptant alors les anciennes frontières coloniales,
redoutant de provoquer des conflits qui, malgré tout, n'ont
pu être évités. Le découpage de l'Afrique par les Occidentaux
explique en partie les conflits ethniques, géographiques et religieux actuels.

Chapitre 2

Ce qui se cache derrière les tensions territoriales d'aujourd'hui

Les dépenses militaires en hausse marquent des niveaux élevés de conflictualité et freinent la stabilisation des pays africains. Les dépenses militaires entre 2003 et 2012 ont augmenté de 133 % en Afrique du Nord et de 66 % en Afrique subsaharienne. Elles restent toutefois les plus faibles du monde, représentant presque autant que celles de l'Allemagne et seulement 7 % des dépenses des États-Unis. Au-delà de l'instabilité liée au terrorisme islamique radical, l'Afrique subit en permanence des tensions territoriales. On dénombre de multiples guerres ou conflits dits « de basse intensité » comme en Libye, en Égypte, au Soudan, au Nigeria, en Érythrée, en Somalie, en République centrafricaine, au Mali, en République démocratique du Congo, au Sahel, au Darfour…

Les sécessionnistes africains sont presque partout considérés comme des « terroristes » par les États dont ils rêvent de se séparer. Leurs leaders sont traqués, jugés, emprisonnés. Leur discours extrémiste mêle ethnicisme, revendication sociale et instrumentalisation de l'histoire. Le recours à la mémoire collective est utilisé par les néosécessionnistes pour susciter l'adhésion de communautés marginalisées par les pouvoirs en place. Beaucoup de ces laissés-pour-compte du développement rêvent en effet d'un regroupement sous une nouvelle bannière. Les mouvements qui les y poussent revisitent bien souvent l'histoire dans l'espoir d'y trouver une légitimation afin de redessiner les frontières coloniales.

Il est des sujets avec lesquels les chefs d'État africains se montrent intransigeants : les frontières et l'intégrité territoriale. Et cela ne date pas d'aujourd'hui. Dès sa création, en 1963, l'Organisation de l'unité africaine (devenue Union africaine) a inscrit ces principes dans sa charte. Les présidents portés par l'euphorie des indépendances ont sacralisé l'intangibilité des frontières héritées de la période coloniale. Une manière, pour eux, de couper court à tout dessein sécessionniste. Ou, si besoin était, de justifier l'usage de la force à l'encontre de ceux qui ambitionnent de remodeler les frontières, voire de les abolir[1]. Une sensibilité renforcée par la question de la souveraineté et du contrôle de leur espace à l'ère postcoloniale où seulement 35 % des 45 000 kilomètres de frontières sont clairement démarqués, selon l'Union africaine. L'apparition de foyers de conflits schismatiques serait aussi un révélateur de la faiblesse des États qui peinent à asseoir leur souveraineté sur leur territoire et à contrôler leurs frontières. En dépit des échecs de l'Ambazonie (ouest du Cameroun) et du Biafra (Nigeria), l'instabilité générée par la marginalisation de leurs communautés révèle un profond malaise postcolonial.

Les soulèvements communautaires ne sont pas réservés uniquement à l'Afrique, mais l'explication ethnique se trouve être plus répandue concernant cette région du monde. La littérature sur le lien entre ethnie et conflit est très riche et de nombreuses controverses ont opposé les analystes. Pour les uns, le continent africain serait « condamné » aux affrontements ethniques, et, pour les autres, les ethnies n'existent pas et ne seraient que des groupes artificiels.

---

1. Joan Tilouine, « En Afrique, la vaine quête des sécessionnismes », *Le Monde*, 19 février 2018.

Il ne faut pas nier l'existence d'« ethnies », dans le sens d'« identités » distinctes les unes des autres. En revanche, il est aisé de démontrer que l'ethnie n'est pas une cause unique en cas de conflit. Si tel était le cas, tous les groupes ethniques du monde s'opposeraient perpétuellement, alors que la plupart du temps ils vivent paisiblement côte à côte. Donc, l'ethnie seule n'explique pas l'origine d'un conflit. Cela ne veut pas dire que les appartenances identitaires ne sont pas cruciales dans la guerre. Elles peuvent même très certainement venir l'alimenter. Des combats que l'on juge à première vue ethniques sont bien souvent liés essentiellement à des luttes entre les élites, pour la puissance politique ou matérielle. Les dirigeants considèrent l'État comme leur bien personnel et accaparent ainsi les ressources du pays. Le statut de président s'apparente à celui de « big man », pratiquant une stratégie d'accumulation financière pour s'assurer une clientèle électorale dépendante. Le Kenya est un bon exemple de gouvernance dite « néopatrimoniale », où l'ethnie constitue un mode de mobilisation commode pour les politiciens qui se disputent le pouvoir et les ressources attenantes à celui-ci[1]. Les racines de l'amalgame patrimonial remontent à l'histoire du pays ; la colonisation britannique s'accompagnait en effet d'une ségrégation territoriale. L'accès à la propriété foncière était défini par l'appartenance communautaire. C'est bien l'existence d'inégalités matérielles et le fait que ceux qui en sont victimes les interprètent en termes ethniques, alors qu'elles résultent d'un clientélisme politique, qui expliquent les violences. Au Kenya, les hommes politiques ont joué sur les réactions identitaires, mais ce sont des enjeux économiques et fonciers qui sont la véritable source des oppositions politiques. Les conflits territoriaux les plus flagrants sont analysés en annexe 1 : Érythrée, Soudan du Sud, Darfour, Rwanda, Biafra, Ambazonia.

---

1. Sonia Le Gouriellec, « La lecture exclusivement ethnique des conflits en Afrique est fallacieuse », *Le Monde*, 26 octobre 2017.

Chapitre 3

Pourquoi l'Afrique a-t-elle pris tant de retard par rapport aux autres continents ?

LE MYTHE DE L'INNOCENCE ORIGINELLE D'*HOMO SAPIENS*

Comment comprendre la forte disparité d'évolution au cours de l'histoire de l'humanité des différentes régions du monde ? Pourquoi l'Afrique a-t-elle pris tant de retard par rapport aux autres continents ? Comment les sociétés œuvrent-elles à leur disparition ou à leur survie ? Nombreux sont ceux qui s'offusquent même de cette question. Pour eux, l'issue est de toute façon inévitable et il est trop tard pour y remédier.

Jared Diamond, biologiste de l'évolution, physiologiste et enseignant en géographie, nous donne les réponses à toutes ces questions dans ses nombreux ouvrages dont le plus célèbre est *Effondrement* (Gallimard, 2006) qui explique la chute de différentes civilisations. Selon lui, les divergences de développement ont constitué la trame de l'histoire de l'humanité[1]. Aujourd'hui, nombre d'inégalités historiques persistent dangereusement. Les sociétés qui ont pris de l'avance en ont profité pour conquérir les autres et, le plus souvent, en exterminant leurs peuples. Les humains ont prié les dieux mais

---

1. Jared Diamond, *De l'inégalité parmi les sociétés*, Folio essais, 2000, p. 11.

la violence et la guerre n'en ont pas moins continué à faire des millions de morts. Elle montre une baisse incontestable au XXIe siècle. Les conquêtes de l'Australie et des Amériques par les Européens se sont systématiquement terminées par l'extermination des populations autochtones. Lorsque les explorateurs européens découvrirent la Tasmanie (au sud de l'Australie) en 1642, ils constatèrent que les indigènes disposaient d'une technologie très rudimentaire de la pierre encore plus simple que celle du Paléolithique (de 100 000 à 9 000 ans avant Jésus-Christ). Au début du XXe siècle, les colons ont massacré la totalité de cette population pourtant totalement inoffensive ! « Dans l'histoire de l'humanité, le génocide a-t-il été une exception aberrante ou une pratique à ce point régulière qu'on puisse l'inscrire parmi les caractéristiques humaines les plus distinctives, à l'instar de l'aptitude à l'art et au langage[1] ? », s'interroge Jared Diamond. Celui-ci a comptabilisé les nombreux génocides qui ont émaillé l'histoire de l'humanité. Il existe probablement chez *Homo sapiens* des pulsions innées le poussant à tuer les étrangers et les rivaux sexuels. La motivation principale des génocides est bien la conquête de nouveaux territoires. Il détruit le mythe de l'innocence originelle d'*Homo sapiens* et du bon sauvage cher à Jean-Jacques Rousseau : l'homme n'a pas attendu l'accumulation de richesses au Néolithique avec le développement de l'agriculture et sa sédentarisation pour devenir violent. Les chasseurs-cueilleurs s'affrontaient déjà, et les horreurs du XXe siècle n'ont fait que confirmer cette vision pessimiste. La faible densité de population à l'époque des chasseurs-cueilleurs a malgré tout réduit le nombre des conflits.

Les raisons des écarts de richesse et de puissance restent toujours sujettes à controverse. L'étude des Néo-Guinéens apporte un

---

1. Jared Diamond, *Le Troisième Chimpanzé*, Gallimard, 1992, p. 327.

éclairage. La grande vallée centrale de Nouvelle-Guinée, que l'on pensait inhabitée, a été explorée pour la première fois en 1938[1]. Quelle n'a pas été la surprise des hommes de l'expédition lorsqu'ils ont constaté que cette région était peuplée de 50 000 Papous réducteurs de têtes et vivant à l'âge de pierre ! Ceux-ci n'avaient jamais été en contact avec l'extérieur. Ils ignoraient même que d'autres êtres humains puissent exister ailleurs. Les Néo-Guinéens vivaient en cercle fermé en utilisant des outils rudimentaires de pierre semblables à ceux qu'échangèrent les Européens il y a des millénaires. Ils vivaient en communauté dans des villages qui n'étaient pas soumis à une autorité politique centrale.

À l'instar des autres espèces animales, chaque population humaine est génétiquement adaptée au climat et aux maladies prévalant dans sa région. Tout au long des sept millions d'années de notre évolution, chaque groupe humain s'est développé en ignorant ce qui existait dans le reste du monde. Ce n'est que dans les derniers millénaires que les changements survenus dans la technologie et l'organisation politique ont permis à certains individus de sortir de leur niche écologique et de voyager loin. Ils ont pu rencontrer des peuples éloignés et acquérir de nouvelles connaissances. Ce processus s'est accéléré avec les premières expéditions des explorateurs portugais. Lors de son premier voyage en 1492, Christophe Colomb est entré en contact avec les peuples indigènes des Amériques. Quelques tribus de Nouvelle-Guinée ou d'Amazonie, isolées du reste du monde encore plus longtemps, ont connu leur première rencontre tardivement, au cours du XXe siècle. Le processus de première rencontre a changé la société humaine. Aujourd'hui, notre espèce comprend 7,5 milliards d'individus, alors qu'ils n'étaient au moment de la conquête

---

1. *Ibid.*, p. 265.

de la planète que 10 millions, dispersés sur d'immenses territoires[1]. Pendant toute la durée de l'histoire humaine, chaque village ou chaque tribu constituait une unité qui vivait en état permanent de conflit avec ses voisins. L'idée de tolérer des étrangers sur son territoire était aussi impensable que celle de permettre à ceux-ci d'y pénétrer, ce qui n'empêcha pas les premiers échanges commerciaux[2].

Nombre de colons blancs, en découvrant les Papous, ne cachèrent pas leur mépris pour ces peuples, les qualifiant de « primitifs[3] ». Les empires aux outils d'acier et aux fusils purent facilement conquérir toutes ces tribus dépourvues d'armes sophistiquées.

LE MYTHE DE L'INTELLIGENCE

Les disparités régionales ont des causes profondes. Aujourd'hui, les populations d'origine eurasienne dominent le monde moderne par leur richesse et leur puissance. Les Africains, qui se sont débarrassés de la colonisation européenne, restent toujours loin derrière. Ces écarts remontent très loin dans le temps.

Pourquoi l'humanité ne s'est-elle pas développée au même rythme sur les différents continents[4] ? L'analyse la plus courante, et la plus simpliste, est de supposer que ces écarts de richesse et de puissance s'expliquent à la base par des différences biologiques… et génétiques ! Elles seraient dues à des capacités innées différentes selon les peuples. De nombreux Occidentaux avancent sans vergogne des arguments racistes

---

1. *Ibid.*, p. 266.
2. *Ibid.*, p. 271.
3. Jared Diamond, *De l'inégalité parmi les sociétés, op. cit.*, p. 13.
4. *Ibid.*, p. 17.

inexacts : les Européens seraient génétiquement plus intelligents que les Aborigènes d'Australie ou les Papous de Nouvelle-Guinée. Il n'y a aucune « preuve solide de l'existence de liens entre différences intellectuelles et différences techniques chez l'homme », affirme Jared Diamond[1]. Aujourd'hui, les Aborigènes d'Australie et les Papous maîtrisent sans difficulté toutes les techniques modernes.

Les spécialistes de psychologie cognitive ont beaucoup étudié les différences de QI entre populations d'origines géographiques différentes mais habitant désormais les pays occidentaux. De nombreux psychologues américains blancs, pour étayer leur thèse raciste, ont essayé de démontrer que les Noirs américains d'origine africaine étaient moins intelligents que les Blancs américains d'origine européenne. Nos capacités cognitives sont fortement influencées par le milieu social de notre naissance et des premières années de notre vie qui rendent quasiment impossible de déterminer l'origine des différences génétiques. Nous sommes prisonniers de la niche écologique dans laquelle nous avons évolué au cours des quinze premières années de notre existence. Il est facile, à partir d'une batterie de tests, de mesurer mathématiquement la tendance générale à être intelligent, mesure qu'on appelle pour cette raison le facteur g (comme général)[2]. Mais les performances intellectuelles ne se résument bien évidemment pas à la seule valeur de g. On peut avoir un facteur g faible et être très performant dans tel ou tel domaine. Les tests de QI sont des sortes d'exercices académiques conçus par des Occidentaux pour des Occidentaux éduqués. La capacité d'y faire face dépend massivement de la maîtrise de la lecture, de la scolarisation, de la culture d'origine… Toute tentative de

---

1. *Ibid.*, p. 21.
2. Laurent Cohen, *Comment lire avec des oreilles*, Odile Jacob, 2017, p. 41.

comparaison de QI entre groupes ou individus doit prendre cela en compte scrupuleusement. Les tests d'aptitude cognitive (comme les tests de QI) mesurent avant tout l'apprentissage culturel et le savoir acquis, plutôt que l'intelligence innée. La plupart des chercheurs qui travaillent sur le fonctionnement du cerveau humain fondent leurs conclusions sur des échantillons constitués majoritairement des habitants des sociétés WEIRD (occidentales, éduquées, industrialisées, riches et démocratiques). Par exemple, dans les articles du *Journal of Personality and Social Psychology* (l'une des revues les plus importantes dans le domaine de la psychologie sociale), 96 % des individus de l'échantillon étaient WEIRD et 68 % américains[1].

Les psychologues sérieux n'ont jamais réussi à mettre en évidence dans le QI des populations non blanches la moindre carence génétique présumée. Les trente années de travail de Jared Diamond auprès des Néo-Guinéens confirment cette conclusion : « Dès le début de mon travail avec eux, j'ai été frappé de les voir en moyenne plus intelligents, plus éveillés, plus expressifs et plus intéressés par les choses et les gens de leur entourage que l'Européen ou l'Américain moyen[2]. » Le chercheur a toujours eu le sentiment de passer pour un empoté aux yeux des Néo-Guinéens quand il était avec eux dans la jungle, incapable d'accomplir les tâches les plus élémentaires auxquelles ils sont habitués depuis leur enfance. La sélection des gènes de l'intelligence a été beaucoup plus rude en Nouvelle-Guinée que dans les sociétés à plus forte densité de population et soumises à une organisation politique plus complexe comme l'Europe. Les Néo-Guinéens ont conservé comme leurs ancêtres chasseurs-cueilleurs un odorat très fin et une vision accrue. Ils peuvent identifier à distance diverses

---

1. Yuval Noah Harari, *Homo deus. Une brève histoire de l'avenir*, op. cit., p. 381.
2. Jared Diamond, *De l'inégalité parmi les sociétés*, op. cit., p. 23.

espèces animales. La peur n'a pas pour eux la même odeur que le courage. En forêt, ils sont toujours alertes et attentifs au moindre signe. Ils sont capables de distinguer les espèces de végétaux ou de champignons comestibles des autres. À l'opposé, les Occidentaux ont perdu cette capacité de survie dans un environnement hostile car ils peuvent se rendre au supermarché et choisir les produits qui leur conviennent, tous garantis par les autorités sanitaires.

Les enfants des pays occidentaux sont moins dégourdis que les jeunes Néo-Guinéens et ont une vie de plus en plus sédentaire. Ils passent en moyenne plus de cinq heures par jour devant un écran (ordinateur, télévision, tablette…) dans des activités passives qui ne sont pas favorables au développement cérébral, à la santé métabolique et à l'intelligence. Ils surfent sur les réseaux sociaux, regardent des séries, et restent enfermés dans une bulle cognitive anesthésiante… Rester assis ou couché devant un écran ne fait dépenser aucune calorie et laisse de moins en moins de place aux jeux interactifs ou aux promenades en plein air. Toutes les études sur le développement de l'enfant insistent sur le rôle de la stimulation et de l'activité sportive dans le développement mental. À l'opposé, les divertissements passifs n'ont pratiquement aucune place dans la vie des petits Néo-Guinéens traditionnels[1]. Ces différences culturelles dans l'éducation expliquent certainement une bonne part de la supériorité mentale moyenne des jeunes Néo-Guinéens par rapport aux jeunes Occidentaux.

---

1. *Ibid.*, p. 24.

L'Afrique : une énigme ?

Les toutes premières étapes de l'épopée humaine ont eu lieu en Afrique. Elles y ont débuté il y a environ 7 millions d'années lorsque la lignée des hominidés s'est séparée des grands singes. L'Éthiopie a été l'une des premières zones de peuplement humain. Lucy, l'un des plus vieux fossiles d'australopithèque et l'un des plus connus (3,2 millions d'années), y a été découvert par une équipe de scientifiques, dont le français Yves Coppens, en 1974. Puis, l'histoire s'est accélérée entre 100 000 et 50 000 ans avant Jésus-Christ. De nombreux crânes africains d'apparence assez moderne précédant cette période (entre 315 000 et 160 000 ans av. J.-C.) confirment que l'évolution a bien eu lieu dans une seule aire géographique, l'Afrique, et dans un seul groupe humain. Les plus anciens *Homo sapiens* ont été découverts au Maroc à Djebel Irhoud (315 000 ans av. J.-C.), en Éthiopie à Herto (160 000 ans av. J.-C.) et à Omo Kibish (195 000 ans av. J.-C.), repoussant dans le temps et dans l'espace l'emprise de notre espèce sur la planète[1]. L'Afrique est donc le continent où les proto-humains (connus sous les noms d'*Australopithecus*, d'*Africanus*, d'*Homo habilis* et d'*Homo erectus*) ont évolué depuis le plus longtemps. *Homo erectus* a évolué en *Homo sapiens*, l'homme moderne. Les humains anatomiquement modernes sont ainsi apparus en premier lieu en Afrique[2]. Comme le souligne Jared Diamond : « Si cette longueur d'avance des Africains a une réelle importance, pourquoi les fusils ne sont-ils pas apparus d'abord en Afrique, permettant aux Africains et à leurs maladies de conquérir l'Eurasie ? Comment expliquer

---

1. Hervé Morin, « En Israël, le plus vieil *"Homo sapiens"* hors d'Afrique », *Le Monde, Planète & Sciences*, 27 janvier 2018, p. 6.
2. *Ibid.*, p. 28.

que les Aborigènes d'Australie n'aient pas su dépasser le stade des chasseurs-cueilleurs avec des outils de pierre[1] ? »

La géographie de l'environnement et la biogéographie donnent des réponses satisfaisantes à ces questions. De nombreux chercheurs et historiens rejettent cette forme de déterminisme par le milieu. Pourtant, la géographie explique une large part de la configuration générale de l'histoire humaine[2]. L'orientation des axes des continents semble avoir joué un rôle majeur dans la différenciation des différents continents : essentiellement ouest–est pour l'Eurasie, et nord–sud pour l'Afrique et les Amériques. L'orientation de ces axes explique comment les idées et les inventions se sont propagées sur l'ensemble de la planète. L'essor de population à forte densité a favorisé l'essor des chefs, des rois, des sciences et des bureaucraties. Rapidement, ces bureaucraties ont joué un rôle essentiel dans la gestion des zones les plus peuplées, permettant la constitution d'armées et de flottes puissantes envoyées à la conquête d'autres territoires.

LE VIRAGE MANQUÉ DE L'AGRICULTURE

La sédentarisation des hommes et le développement de l'agriculture au Néolithique, autour de 9 000 ans avant Jésus-Christ, ont permis une production alimentaire excédentaire autorisant l'entretien d'armées et d'hommes politiques à leur tête[3]. Inversement, l'organisation en bandes mobiles et dispersées, relativement égalitaires, des chasseurs-cueilleurs, les a confinés dans des territoires réduits, très éloignés les uns des

---

1. Jared Diamond, *De l'inégalité parmi les sociétés, op. cit.*, p. 28.
2. Hervé Morin, « En Israël, le plus vieil *"Homo sapiens"* hors d'Afrique », art. cit., p. 32.
3. *Ibid.*, p. 39.

autres, empêchant la constitution d'alliances solides et surtout la diffusion du savoir.

L'histoire de l'humanité peut se résumer à la distinction entre les populations qui ont maîtrisé l'agriculture et l'élevage des gros mammifères, et les autres. Les chasseurs-cueilleurs qui ont adopté l'agriculture ont survécu. L'importation de la production alimentaire dans les régions à faible densité de population s'est soldée par la disparition de nombreux chasseurs-cueilleurs au profit des envahisseurs producteurs de nourriture[1]. « Ces évolutions ont décidé du sort sur la terre des nantis et des démunis de l'histoire des civilisations », conclut J. Diamond.

Chez les chasseurs-cueilleurs, une mère qui changeait d'habitat ne pouvait porter qu'un seul enfant en plus de ses quelques biens[2]. Elle ne pouvait donc pas se permettre d'avoir un second enfant tant que le premier n'était pas suffisamment autonome et ne marchait pas assez vite pour suivre la tribu sans la retarder. Les chasseurs-cueilleurs pratiquaient l'infanticide lorsque l'équilibre de la tribu était mis en danger. Dans les populations sédentaires agricoles, les mères ont eu la possibilité de donner naissance à plusieurs enfants en bas âge avec la capacité de tous les nourrir. On observe bien une densification de la population parmi les producteurs de nourriture, alors que celle-ci reste très faible chez les chasseurs-cueilleurs. Les sociétés nomades de chasseurs-cueilleurs ont eu très rarement la possibilité d'entretenir des experts à plein-temps, alors qu'ils ont fait leur apparition dans les sociétés sédentaires agricoles. Les stocks alimentaires des agriculteurs pouvaient nourrir des prêtres qui apportaient une justification religieuse aux guerres de conquête, des artisans qui fabriquaient des épées, des fusils

---

1. *Ibid.*, p. 133.
2. *Ibid.*, p. 125.

et d'autres objets techniques très utiles[1]. Les scribes accumulaient plus d'informations qu'il n'est possible d'en mémoriser.

Les grands mammifères domestiques ont achevé de révolutionner les sociétés humaines en devenant leurs principaux moyens de locomotion et de traction jusqu'à l'essor de la machine à vapeur au XIXᵉ siècle. Le cheptel domestiqué a permis de nourrir plus d'individus grâce à la viande et au lait, et est devenu la principale source de protéines animales de nos sociétés.

UNE ÉVOLUTION DE L'HUMANITÉ EN TROIS PHASES

L'histoire de l'humanité s'est déroulée en trois phases selon l'historien britannique Arnold Toynbee[2]. Au cours de la première phase, qui correspond au Paléolithique (soit de 100 000 à 9 000 ans avant Jésus-Christ) et à la conquête de la planète par *Homo sapiens*, les échanges et les communications étaient particulièrement rares et surtout très lents, aussi les progrès du savoir évoluaient-ils encore plus lentement. Toute invention mettait énormément de temps à se diffuser sur un territoire avant qu'une autre invention n'apparaisse. Les sociétés humaines progressaient quasiment toutes à la même vitesse et les différences entre peuples et régions restaient minimes.

Au cours de la deuxième phase, avec l'apparition de l'agriculture et la sédentarisation d'*Homo sapiens* (9 000 ans avant Jésus-Christ), le développement de la connaissance a été beaucoup plus rapide et sa propagation dans les zones à plus forte

---

1. *Ibid.*, p. 125 et 127.
2. Amin Maalouf, *Les Identités meurtrières*, Grasset & Fasquelle, 1998, p. 104.

densité de population s'est accélérée, favorisant la différenciation des territoires dans tous les domaines. Cette deuxième
période a constitué le point de départ de l'accumulation de
richesses et le développement des écarts de puissance entre les
différentes régions. Cette phase a duré plusieurs millénaires au
cours desquels les sociétés sont devenues de moins en moins
égalitaires. L'essentiel de la croissance de la production de ces
sociétés provenait de l'accroissement de la population. Malthus
dominait le monde[1]. Après la famine, les épidémies consti-
tuaient le deuxième plus grand fléau de l'homme. Des régions
entières souffraient de la faim et pouvaient perdre entre un
quart et un tiers de leur population très rapidement. En 1694,
par exemple, alors que Louis XIV, au sommet de sa gloire,
marivaudait à Versailles, 15 % de la population française mou-
raient de faim, soit 2,8 millions de Français[2]. Le mauvais temps
avait détruit une grande partie des récoltes, les greniers à grains
étaient vides. La noblesse demandait des prix exorbitants pour
les stocks de céréales qu'elle avait gardés et les paysans mou-
raient en masse. À cette époque, l'accroissement de la productivité, c'est-à-dire l'augmentation de la production par
habitant, était quasi nul. La puissance des nations était indexée
pour l'essentiel sur la taille des populations. Ainsi, la France de
Louis XIV, peuplée de 21 millions d'habitants, devançait-elle
largement les autres pays d'Europe, et notamment l'Angleterre
qui ne comptait à l'époque que 6 millions de sujets. En 1750, la
Chine et l'Inde dominaient le monde économiquement du fait
de leur supériorité numérique écrasante avec respectivement
220 millions et 165 millions d'individus sur les 771 millions

---

1. Doctrine élaborée par l'économiste Thomas Malthus, qui repose sur
   la théorie selon laquelle la population augmente plus rapidement que
   les ressources utiles à son alimentation.
2. Yuval Noah Harari, *Homo deus. Une brève histoire de l'avenir*, *op. cit.*,
   p. 14.

de la population mondiale. L'Europe, Russie comprise, était à la traîne avec seulement 140 millions d'habitants. L'Afrique arrivait en quatrième position, loin derrière, avec 104 millions d'individus répartis sur un territoire immense. Alors que la population mondiale a progressé de plus de 842 millions d'habitants entre 1750 et 1900 pour atteindre 1 613 millions d'individus, sur la période, la population de l'Afrique a stagné pour atteindre seulement 118 millions d'individus. C'est le niveau de la production alimentaire qui conditionnait la croissance de la population. En l'absence de croissance de la productivité (production par habitant), la croissance démographique était responsable de 100 % de la création de richesse (PIB).

La dernière phase commence à la première révolution industrielle au XIXe siècle en Europe. Le développement des connaissances s'y est diffusé à un rythme bien plus rapide. La santé y a progressé de façon fulgurante, entraînant une baisse rapide de la mortalité infantile et un accroissement de l'espérance de vie. Cette accélération de la propagation du progrès a considérablement accentué la différence entre les régions, et ceci dans tous les domaines. La Chine comme l'Inde, qui n'ont pas pris le train de l'innovation durant cette période, se sont trouvées rapidement distancées ou marginalisées par les Européens. La croissance de la production, et donc la puissance des nations, n'était alors plus liée seulement à l'accroissement de la population mais aussi à la croissance de la productivité (production par habitant). L'innovation a libéré une partie de l'humanité de la malédiction de Malthus. Durant cette dernière phase, l'Afrique est restée totalement à l'écart du processus de diffusion du savoir. Les inégalités de richesse entre nations ont atteint un sommet juste avant la Première Guerre mondiale.

Avec la quatrième révolution industrielle (robotique, intelligence artificielle, big data, e-commerce…) et la mondialisation, toutes les activités se trouvent en concurrence permanente, accélérant l'innovation partout sur la planète. Dans notre monde postmoderne, le gagnant emporte toute la mise et il n'est plus obligatoirement lié à un territoire ou à une zone géographique. Il s'apparente le plus souvent à une multinationale apatride qui pourrait, si l'on n'y prend pas garde, devenir plus puissante et plus riche que certains États. La puissance technologique et financière des GAFAM américains ou des BAT chinois confirme ce diagnostic.

« À l'échelle de l'évolution des espèces, qui se compte en centaines de milliers d'années, notre cerveau n'a pas eu le temps d'évoluer génétiquement, malgré des innovations non moins révolutionnaires. Nous avons quitté la préhistoire pour l'histoire il y a six mille ans, en inventant l'écriture et la lecture, nous avons bâti des infrastructures complexes, inventé des technologies de communication et de transport, et sommes même allés sur la Lune. Bref, nos cerveaux ont su s'adapter à un environnement pour lequel ils n'étaient pas conçus génétiquement [...]. L'histoire continue, nous ne cessons de nous adapter à des innovations et à produire du neuf, mais avec notre même bon vieux cerveau[1]. » L'incroyable plasticité du cerveau a permis à l'humanité de découvrir qu'elle pouvait augmenter sa formidable capacité d'apprentissage grâce à l'école. En organisant l'instruction informelle présente dans toutes les sociétés humaines, l'école a décuplé le potentiel de l'humanité[2].

La numérisation et l'« ubérisation » du monde sont en marche. Les innovations sont sans limite et touchent un large spectre. Elles s'enchaînent à une vitesse inouïe, laissant sur le bord du chemin des zones géographiques immenses. Même les populations les plus démunies des pays riches se trouvent écartées

---

1. Lionel Naccache, *Parlez-vous cerveau ?*, Odile Jacob, 2018, p. 208.

2. Stanislas Dehaene, *Apprendre ! Les talents du cerveau, le défi des machines*, Odile Jacob, 2018, p. 26.

du système (le quart-monde). Les écarts de richesse n'ont jamais été aussi importants à l'intérieur des pays et entre les pays eux-mêmes. Ils sont encore plus considérables au sein des pays émergents. Aujourd'hui, 1 % des personnes les plus riches ont capté 27 % de la croissance des revenus, contre seulement 12 % pour la moitié la plus pauvre. Les situations varient fortement d'un pays à l'autre ou d'une zone économique à l'autre en fonction des institutions et des politiques publiques[1]. Dans ce domaine, l'Afrique est plutôt mal lotie mais reste dans la moyenne des pays émergents. Au sein du continent africain, les écarts sont considérables, l'Afrique constituant un immense « patchwork ». En 2016, la part du revenu national détenue par les 10 % des individus les plus riches de la population était de 54 % pour l'Afrique subsaharienne. Ce ratio se compare aux 55 % du Brésil et de l'Inde, et aux 61 % du Moyen-Orient. L'Europe, plus riche, reste la zone la plus égalitaire avec un ratio de 37 %. Les écarts de patrimoine sont tout aussi importants que les écarts de revenu.

L'indice Gini[2], qui met bien en évidence ces écarts de patrimoine, confirme ce diagnostic (indice variant de 0 du plus égalitaire à 1 au plus inégalitaire). En queue de peloton se trouvent les pays émergents avec 0,72 pour la Chine (en forte augmentation depuis 1995 où le ratio était de 0,45) et 0,63 pour l'Afrique du Sud, très inégalitaire. En tête se trouvent les pays

---

1. World Inequality Report 2018, « Inégalités : enquête sur le fléau mondial », *Le Monde*, 15 décembre 2017, p. 1.
2. L'indice Gini est un indicateur synthétique d'inégalités de salaires (de revenus, de niveaux de vie, etc.). Il varie entre 0 et 1. Il est égal à 0 dans une situation d'égalité parfaite où tous les salaires, les revenus, les niveaux de vie, etc., seraient égaux. À l'autre extrême, il est égal à 1 dans une situation la plus inégalitaire possible, celle où tous les salaires (les revenus, les niveaux de vie, etc.) sauf un seraient nuls. Entre 0 et 1, l'inégalité est d'autant plus forte que l'indice Gini est élevé.

développés européens, beaucoup plus égalitaires, avec 0,33 pour la France. Les États-Unis apparaissent particulièrement inégalitaires pour un pays riche avec un indice de 0,46. Le seuil des 0,40 est considéré comme dangereux pour le développement et la stabilité sociale d'un pays. Depuis 1990, la situation africaine, déjà mauvaise, ne s'est pas dégradée.

Il faut remonter à 1929, juste avant la crise, pour constater des écarts de richesse aussi importants. Près de 50 % de la richesse mondiale est détenue par 1 % de la population. Le rapport de l'ONG britannique Oxfam publié en janvier 2018 confirme largement cette tendance. « 82 % des richesses créées dans le monde en 2017 ont bénéficié aux 1 % les plus riches, alors que la situation n'a pas évolué pour les 50 % les plus pauvres[1]. » Pour appuyer sa démonstration, l'ONG a fait une comparaison extrêmement parlante. Aux États-Unis, les trois personnes les plus riches possèdent autant que la moitié la plus pauvre de la population, soit d'un côté l'ancien patron de Microsoft Bill Gates, le P.-D.G. d'Amazon Jeff Bezos et l'investisseur Warren Buffett, et de l'autre 160 millions d'individus les plus pauvres ! Le nombre de milliardaires en Afrique a lui aussi fortement augmenté. Aujourd'hui, ils sont cinquante-cinq, alors que le nombre de pauvres continue de progresser par ailleurs. Parmi les personnalités les plus riches d'Afrique répertoriées dans ce classement, vingt d'entre elles sont nigérianes. L'Afrique du Sud et l'Égypte arrivent en deuxième et troisième positions, avec respectivement neuf et huit milliardaires. L'entrepreneur nigérian Aliko Dangote, considéré comme l'homme le plus riche d'Afrique depuis plusieurs années par *Forbes*, est à la tête d'une fortune de 20,2 milliards de dollars. L'homme d'affaires, qui a fait fortune dans le ciment, est aujourd'hui à la tête d'un

---

1. Marie de Vergès, « Inégalités : avant Davos, Oxfam interpelle le gotha mondial », *Le Monde*, 23 janvier 2018, p. 8.

véritable empire industriel. Il possède notamment des usines de farine, de sucre et d'autres denrées alimentaires. La femme la plus riche d'Afrique, Folorunsho Alakija, est aussi nigériane. Elle dirige la compagnie pétrolière Famfa Oil, qui exploite un des blocs pétroliers offshore les plus prolifiques du Nigeria. Le nombre de millionnaires africains a progressé deux fois plus vite que dans le reste du monde. L'émergence d'une nouvelle classe d'ultra-riches en Afrique ne peut plus être niée, alors que de nombreuses régions du continent sont en proie à de violents conflits et à une extrême pauvreté. Au cours des quinze dernières années, le nombre de millionnaires a crû de 73 % pour l'ensemble du monde, alors que la progression a été de 145 % en Afrique… Cette concentration des richesses partout sur la planète explique en partie l'affaissement de la croissance mondiale. L'Afrique est encore plus concernée que les autres continents du fait de son retard de développement. Une meilleure répartition de la richesse pourrait être un formidable catalyseur pour la croissance africaine.

Les conséquences géopolitiques de ces écarts de richesse et de puissance pourraient être dramatiques si l'on n'y remédie pas rapidement. La libéralisation des échanges commerciaux est en partie responsable du creusement des inégalités et une très large partie des citoyens les plus pauvres s'est réfugiée dans le populisme. La forte hausse du prix des matières premières et du pétrole entre 2001 (date d'entrée de la Chine dans l'OMC) et 2008, très favorable à l'Afrique, a laissé croire un moment que les choses allaient s'arranger avec le retour d'une croissance plus forte sur le continent africain. Mais leur reflux avec le ralentissement chinois a brisé tout espoir à court terme.

Aujourd'hui, près de 2,1 milliards d'habitants sont en surpoids sur la planète, alors que 850 millions souffrent de malnutrition. La famine et la malnutrition tuent près de 1 million d'individus, alors que l'obésité en tue trois fois plus[1]. L'Afrique reste l'une des régions au monde où la famine tue encore beaucoup trop de personnes.

L'Eurasie prend son envol, L'Afrique accumule le retard

Lorsque les Européens ont atteint l'Afrique subsaharienne dans les années 1400, la population africaine comptait 68 millions d'habitants, soit légèrement plus que l'Europe (y compris la Russie) qui en comptait 65 millions. Mais l'Afrique, du fait de l'immensité de son territoire (30,4 millions de kilomètres carrés), soit plus que la superficie des États-Unis, de l'Europe et de la Chine réunis, avait une densité de population particulièrement faible. Aujourd'hui, la densité de population en Afrique est toujours très faible avec seulement 41 habitants au kilomètre carré, soit 3,4 fois inférieure à celle de la Chine et 3 fois inférieure à celle de l'Europe. Au Bangladesh et en Inde, elle est respectivement de 1 083 et de 329 habitants au kilomètre carré ! En Afrique, seul le Nigeria fait exception à la règle avec une densité de population de 139 habitants au kilomètre carré.

En 1400, la densité de population africaine d'à peine 2,2 habitants au kilomètre carré était peu favorable à la diffusion de la connaissance. Les Africains travaillaient alors cinq ensembles de cultures très différents les uns des autres selon les diverses zones climatiques du continent[2]. Le premier ensemble était confiné à l'Afrique du Nord, jusqu'aux terres hautes de l'Éthiopie. Les cultures originelles de cette région se sont révélées adaptées

---

1. Yuval Noah Harari, *Homo deus. Une brève histoire de l'avenir*, *op. cit.*, p. 16.
2. Jared Diamond, *De l'inégalité parmi les sociétés*, *op. cit.*, p. 585.

au climat méditerranéen caractérisé par des pluies concentrées sur les mois d'hiver. Ces cultures correspondaient à celles qui ont été domestiquées dans le Croissant fertile[1] il y a environ 9 000 ans et qui se sont diffusées dans les régions adjacentes climatiquement semblables à l'Afrique du Nord. Elles ont jeté les fondements de la civilisation égyptienne. Il s'agit du blé, de l'orge, du pois, des haricots et des raisins. Lorsque l'on se dirige plus au sud vers la zone sahélienne, deuxième ensemble, la pluie survient en été plutôt qu'en hiver. Les cultures provenant du nord ne peuvent donc pas s'adapter à ce climat aux précipitations estivales et à une longueur du jour variant peu au fil des saisons. Parmi les principales cultures domestiquées dans la zone sahélienne à cette époque, on retrouve le sorgho et le millet perlé.

Le troisième ensemble était celui des plantes cultivées sur les hautes terres d'Éthiopie. On trouve le chat, arbuste aux effets narcotiques, l'ensete, proche de la banane, le noog, plante herbacée qui donne de l'huile, le ragi, type de millet utilisé pour la préparation de la bière et le teff, céréale utilisée pour la fabrication du pain.

Le quatrième ensemble de cultures correspondait au climat humide et tropical de l'Afrique occidentale avec le riz africain, l'igname, sorte de gros tubercule, l'éléis, espèce de palmier dont le fruit fournit l'huile de palme et la graine l'huile de palmiste, et la noix de kola contenant de la caféine.

Le dernier ensemble de cultures était également adapté aux climats humides avec la banane, l'igname d'Asie, le riz asiatique

---

1. Le terme de « Croissant fertile » est forgé au XXe siècle par l'archéologue américain James Henry Breasted. Il s'agit d'« *un demi-cercle ouvert vers le sud, situé au nord de l'Arabie, se terminant à l'ouest dans l'angle sud-est de la Méditerranée et à l'est dans le fond septentrional du golfe Persique* », « *une sorte de frange cultivable du désert* ».

et le taro (sorte de tubercule). La présence de certaines de ces cultures originaires d'Asie en Afrique de l'Est peut surprendre mais résulte de l'apport d'une migration ancienne d'origine indonésienne. Les Austronésiens partis de Bornéo ont débarqué d'abord sur les côtes de l'Afrique de l'Est avant de s'installer définitivement sur l'île de Madagascar en emportant avec eux leurs plantes domestiquées.

Au final, on constate que la disparité et la variété des cultures domestiquées sont moindres sur le continent africain que pour l'Eurasie[1]. Pourquoi cette longueur d'avance de l'Eurasie sur l'Afrique dans ce domaine ? La superficie de la surface cultivable africaine est deux fois moins importante que celle de l'Eurasie. La densité de la population y est très faible comparée à celle de l'Eurasie comme on vient de le voir (si l'on exclut la Sibérie très peu peuplée). Moins de terre et moins d'hommes signifient moins de compétition et d'inventions entre sociétés, et donc un rythme de développement plus lent.

L'autre explication du retard de développement de l'Afrique après le Pléistocène (11 700 ans avant Jésus-Christ) est l'orientation géographique nord-sud du continent. En suivant cet axe, on traverse des zones climatiques très distinctes, comme on vient de le voir, avec des cultures très différentes selon la latitude entravant la propagation des espèces végétales domestiquées sur l'ensemble du continent. De plus, cet axe nord-sud a sérieusement entravé l'essor du bétail. La mouche tsé-tsé d'Afrique équatoriale, porteuse du trypanosome auquel les mammifères sauvages indigènes d'Afrique sont résistants, s'est révélée dévastatrice pour les espèces de cheptel eurasiennes et nord-africaines. Les chevaux, qui avaient atteint l'Égypte déjà en 1800 av. J.-C., ont transformé l'art de la guerre en Afrique

---

1. Jared Diamond, *De l'inégalité parmi les sociétés, op. cit.*, p. 604.

du Nord[1]. Ils n'ont franchi le Sahara qu'au premier millénaire de notre ère et jamais ils n'ont pu s'établir dans le sud africain, c'est-à-dire traverser la zone où la mouche tsé-tsé est endémique. À la différence du cheval, le zèbre africain, résistant à la maladie, n'a jamais pu être domestiqué, de même que le buffle sauvage, à la différence des bovins européens.

On l'a vu, l'essor de la production alimentaire a été un facteur déterminant de l'accélération du développement des sociétés. En Afrique, celui-ci a été retardé par la rareté des espèces végétales et animales indigènes domesticables[2]. Les ancêtres sauvages du bétail comme les ânes, les porcs, les chiens et les chats ont pour origine l'Afrique du Nord et l'Asie du Sud-Ouest où ils sont restés cantonnés. Les autres mammifères domestiques africains viennent en fait d'ailleurs et ont été introduits tardivement sur le continent[3]. À l'opposé, les cultures et les animaux se sont déplacés facilement entre des sociétés eurasiennes distantes de plusieurs milliers de kilomètres car elles se situaient à la même latitude. Elles ont donné une avance considérable à l'Eurasie sur les autres continents dans la production alimentaire. Les gros mammifères domestiques ont servi les cultures en tirant les charrues, permettant ainsi de travailler la terre de manière plus efficace[4]. Parmi ces animaux de trait figuraient les vaches, les chevaux et les buffles d'eau. Aucun de ces animaux n'était présent en Afrique. Contrairement à l'éléphant d'Afrique, resté à l'état sauvage, l'éléphant d'Asie a pu être domestiqué.

La technologie humaine fut tout aussi lente à se propager le long de l'axe nord-sud de l'Afrique[5]. La poterie, attestée au

---

1. *Ibid.*, p. 606.
2. *Ibid.*, p. 602.
3. *Ibid.*, p. 588.
4. *Ibid.*, p. 124.
5. *Ibid.*, p. 606.

Soudan et au Sahara autour de 8000 av. J.-C., n'atteignit le Cap qu'autour de l'an 1 de notre ère. Bien que l'écriture se soit développée en Égypte en 3000 av. J.-C. et propagée sous forme alphabétique au royaume nubien de Méroé, avant d'atteindre l'Éthiopie, elle ne s'est pas développée indépendamment dans le reste de l'Afrique.

Un basculement du pouvoir vers l'Europe entre 1750 et 1850

À l'origine, l'Asie représentait 70 % de l'économie mondiale, et la Chine, combinée à l'Inde, les deux tiers de la production mondiale. Cent cinquante ans plus tard, en 1900, les Européens tenaient l'économie mondiale et la majeure partie des terres. En 1950, l'Europe occidentale et les États-Unis représentaient à eux deux plus de la moitié de la production mondiale, et la Chine était tombée à moins de 5 %[1].

On attribue souvent le décollage de l'Europe à ses savants, et à la Renaissance. Il est incontestable qu'à partir de 1850 la domination européenne reposa dans une large mesure sur un complexe militaire, scientifique, industriel et technologique très avancé. Mais ce n'était pas le cas avant. La technologie de la première vague industrielle était relativement simple. Pourquoi les Chinois, les Indiens, les Africains et les Perses n'ont-ils pas pu concevoir des machines à vapeur et construire des voies ferrées ? Ce qui leur manquait, c'étaient les valeurs, les mythes, l'appareil judiciaire, et les structures sociopolitiques dont la formation et la maturation prirent des siècles en Occident, et qu'il était impossible de copier

---

1. Yuval Noah Harari, *Homo deus. Une brève histoire de l'avenir, op. cit.*, p. 328.

et d'intérioriser rapidement[1]. Cette explication éclaire d'un nouveau jour la période 1500-1850. Alors qu'elle ne jouissait d'aucun avantage technique, politique, militaire ou économique sur les puissances asiatiques, l'Europe construisit un potentiel unique, dont l'importance devint soudain flagrante autour de 1850.

Le facteur clé est la tournure d'esprit que partageaient le scientifique et le militaire de l'époque. Les deux commençaient par un aveu d'ignorance : « Je ne sais pas ce qu'il y a là-bas. » Cet état d'esprit est en totale contradiction avec la pensée moyenâgeuse : on se référait avant à la tradition religieuse pour expliquer le monde, car le Livre (Ancien Testament, Talmud, Coran...) était censé en donner une explication exhaustive. Il n'y avait pas alors d'espoir d'amélioration du monde grâce à l'action humaine, tout au plus espérait-on un retour à l'Éden originel qui ne dépendait pas d'une décision humaine. Nos savants et officiers européens du XVIe siècle, eux, sont partis faire de nouvelles découvertes en espérant qu'elles feraient d'eux les maîtres du monde. La science moderne a bien sûr aidé, mais l'explication de la primauté européenne provient aussi de son système capitaliste. Ce n'est pas un hasard si la science et le capitalisme forment l'héritage le plus important de l'impérialisme européen. Aujourd'hui l'Europe ne domine plus le monde, mais la science et le capital sont toujours plus forts[2].

Pour conclure, notons que la colonisation de l'Afrique par l'Europe ne s'explique en rien par des différences génétiques entre Européens et Africains. Elle est le fait d'accidents de la géographie et de la biogéographie. « Les trajectoires historiques différentes de l'Afrique et de l'Europe procèdent en

---

1. *Ibid.*, p. 331.
2. *Ibid.*, p. 332.

dernière instance de différences "immobilières"[1] », conclut Jared Diamond, c'est-à-dire liées à l'environnement. Avec la quatrième révolution industrielle, celle de la robotique et de l'intelligence artificielle, il est à craindre que le retard de l'Afrique vis-à-vis des pays riches ne se comble pas.

––––––––––

1. Jared Diamond, *De l'inégalité parmi les sociétés, op. cit.*, p. 606.

Chapitre 4

Depuis des siècles, une économie africaine qui peine

Durant les années 1990, après la chute du mur de Berlin, un basculement majeur s'est produit : les pays émergents sont entrés dans la course à l'enrichissement. De 1990 à 2016, le PIB mondial en parité de pouvoir d'achat en dollar constant a été multiplié par 4,2[1]. La plus grande part de cette progression leur est attribuable, alors que la croissance des pays riches a fortement ralenti. L'écart de richesse entre les deux blocs s'est considérablement réduit. Les deux économies géantes d'Asie (la Chine et l'Inde) retrouvent peu à peu la place de leader qui était la leur dans l'histoire de l'humanité. La suprématie occidentale est une parenthèse, ouverte à la fin du XVIIIe siècle, qui désormais se referme. Le monde retrouve son cours normal : le poids économique reflète le poids démographique des pays, comme cela a toujours été le cas historiquement. Mais l'Afrique fait exception à la règle.

Grâce aux travaux d'Angus Maddison, économiste et historien, qui a consacré l'essentiel de sa vie à retracer l'histoire économique du monde depuis le début de notre ère, nous avons une idée précise du poids économique des différents

---

1. Sur la même période, les croissances française, allemande, anglaise, américaine, indienne, africaine et chinoise en parité de pouvoir d'achat en dollar courant ont été multipliées respectivement par 2,7 ; 2,6 ; 3,1 ; 2,9 ; 8,8 ; 4,6 et 19,1.

continents au cours des deux derniers millénaires[1]. La Chine, l'Inde et l'Afrique présentent des profils singuliers. Au début de notre ère, le niveau de vie de ces trois géants paraît tout à fait comparable à celui du monde occidental de l'époque : l'équivalent de 400 dollars par habitant et par an (avec, pour base de référence, les prix de 1990). Comme la Chine et l'Inde sont, de très loin, les zones les plus peuplées de la planète (59 % de l'ensemble à la naissance de Jésus-Christ), elles concentrent à elles deux plus de 60 % du revenu mondial. L'Afrique, moins peuplée (10 % de l'ensemble), reste très faible économiquement et n'en représente que le dixième, soit un peu moins de la moitié du poids économique de l'Europe occidentale. Au total, les trois géants géographiques représentent plus des deux tiers du PIB mondial au début de notre ère.

Au XVIIe siècle, la Chine et l'Inde restent toujours les deux pays les plus peuplés de la planète et représentent alors la moitié du revenu mondial. À partir de la Renaissance, l'Europe occidentale entame le début de son rattrapage. Le décrochage des deux géants mondiaux asiatiques s'opère avec la première révolution industrielle tout au long du XIXe siècle. L'Occident reprend la main et étend sa domination sur tous les continents[2]. Les routes de la soie et des épices, chères au président chinois Xi Jinping, sont encore des lieux d'échanges libres au début du XIXe siècle, alors que la façade afro-américaine devient très vite une zone de pillage colonial. Après la conférence de Berlin en 1884 où sont édictées les règles officielles du partage de l'Afrique par les puissances européennes, la colonisation de l'Afrique s'accélère. Ce processus s'étend partout dans le monde, un fossé se creuse entre l'Occident et le reste du monde qui n'aura de cesse de s'agrandir jusqu'à la fin du

---

1. Jean-Joseph Boillot et Stanislas Dembinski, *Chindiafrique*, Odile Jacob, 2013, p. 102.
2. *Ibid.*, p. 105.

xxe siècle. Entre 1700 et 1950, le poids de l'Inde dans l'économie mondiale chute de 25 % du PIB mondial à moins de 3 %. Quant à la Chine, minée par la « destruction créatrice » de la révolution culturelle de Mao et de son Grand Bond en avant, son effondrement est encore plus spectaculaire. Le pays a vu sa part dans la production mondiale passer du tiers en 1820, à son apogée, à moins de 3 % du PIB en 1960 ! À la mort de Mao, en 1976, le PIB par habitant de la Chine ne représente qu'un peu plus de 1 % du PIB par habitant des États-Unis.

À la sortie de la Seconde Guerre mondiale, le monde occidental conforte son emprise sur la planète, et représente les deux tiers du revenu mondial et 80 % de la croissance, alors qu'il ne totalise que 25 % de la population mondiale.

Quant à l'Afrique, peu peuplée à l'époque, elle subit un véritable décrochage au cours du deuxième millénaire, distancée par le reste du monde. En 1800, avec ses 101 millions d'habitants, l'Afrique pèse encore 10 % de la population mondiale contre 34 % pour la Chine et presque 20 % pour le sous-continent indien. L'Europe et le Nouveau Monde représentent 23 % de l'ensemble. Le plus impressionnant dans la tendance démographique africaine est son vertigineux déclin à partir du xvie siècle. L'Afrique, qui totalise 19 % de la population mondiale en 1500, tombe de 16 % en 1700 à 10 % en 1800 et à seulement 7 % en 1900. Cette quasi-stagnation de la population africaine entre 1700 et 1900 (106 millions contre 118 millions d'habitants) contribue de manière certaine au déclin économique du continent. Sur la même période, la population mondiale passe de 682 millions d'habitants à 1 613 millions en étant multipliée par 2,4. La barrière naturelle que constitue le désert empêche les échanges entre le nord et le sud du continent africain, isolant l'Afrique tropicale du reste du monde et de la première révolution industrielle.

LE DÉCROCHAGE DE L'AFRIQUE

Le poids économique relatif de l'Afrique s'effondre entre 1700 et 1900. Il passe de 7 % du PIB mondial à 3 % dès 1850 et ne cesse de décliner par la suite[1]. Au final, le poids cumulé de l'Afrique, de l'Inde et de la Chine est passé de plus de 60 % en 1820 à guère plus de 10 % de la production mondiale en 1960 ! À l'opposé, les États-Unis voient leur revenu par habitant multiplié par dix sur la même période. Entre 1950 et 2000[2], le revenu par habitant en Afrique a été multiplié par seulement 2, contre 3 en Inde et par plus de 8 en Chine. Ces écarts de performance économique signent de manière incontestable la réussite spectaculaire de l'empire du Milieu et son retour sur le devant de la scène.

Si l'on examine l'évolution du niveau de vie relatif par habitant, le constat est encore plus amer pour le continent africain comme pour la Chine et l'Inde. En prenant pour base 100 % qui correspond à la moyenne mondiale, on constate un effondrement entre 1820 et 1950 de la Chine et de l'Inde, qui passent respectivement de 90 à 20 % et de 80 à 28 %. Il en est de même pour l'Afrique qui passe, entre 1820 et 1950, au moment de la décolonisation, de 63 % du niveau de vie relatif par habitant mondial à 43 %. Le plus inquiétant pour l'Afrique est que son déclin se poursuit après 1950. De 1950 à 2001, date de l'entrée de la Chine à l'OMC, le continent africain voit son niveau de vie relatif par habitant mondial passer de 43 à 25 % (contre 20 à 60 % pour l'empire du Milieu).

---

1. *Ibid.*, p. 105.
2. *Ibid.*, p. 106.

La décolonisation, un espoir déçu

Si l'on fait un bref retour en arrière, on constate que le continent africain a malgré tout connu une accélération de sa croissance au moment de la vague d'indépendances dans les années 1960, suivie rapidement d'un profond retournement qui a plongé le continent dans une quasi-stagnation jusqu'au point bas de 1992 (0,1 % de croissance par an)[1]. Ce chiffre est encore plus catastrophique si l'on met en parallèle le boom démographique.

Le véritable changement est intervenu tardivement, lorsque l'Afrique s'est reconnectée au milieu des années 2000 à la croissance mondiale grâce au formidable essor des économies asiatiques. Entre 2000 et 2007, le PIB global du continent a augmenté de 5,4 % par an, deux fois plus vite qu'au cours des deux décennies précédentes. Les économies africaines ont fait preuve d'une remarquable « résilience » pendant la crise de 2009 et jusqu'à aujourd'hui, même si l'atonie de l'activité mondiale commence à toucher le continent. L'Afrique a ainsi connu entre 2008 et 2016 une croissance de 3,4 %, supérieure de plus de 1 point à celle du monde. En 2014, sur les cinquante-quatre pays africains, le seuil des 5 % de croissance a été dépassé par vingt-deux d'entre eux, et, mieux encore, six des dix pays qui ont connu la plus forte croissance dans le monde étaient africains. Malgré tout, la chute des prix des matières premières et du pétrole en 2016 a renversé en partie la tendance à l'amélioration démontrant une forte dépendance du continent à l'évolution de ceux-ci (croissance de seulement 1,4 % en 2016).

La déconnexion de l'Afrique par rapport au reste du monde à la sortie de l'indépendance a entraîné un décrochage de son

---

1. *Ibid.*, p. 111.

poids économique mondial malgré un léger redressement en fin de période (2,8 % du PIB mondial aujourd'hui contre 1,9 % en 1980). Minée par de nombreuses guerres civiles et conflits interreligieux, l'Afrique a été l'otage de la confrontation entre l'Est (communiste) et l'Ouest (capitaliste) jusqu'à la chute du mur de Berlin en 1989. Par pays africains interposés, les deux blocs se sont fait la guerre sur le continent, comme en Indochine ou en Corée. L'épopée cubaine de Che Guevara au Congo en 1965, qui s'est finalement traduite par un fiasco, illustre parfaitement cette confrontation entre les deux blocs. Pendant la guerre froide, chaque pays devait choisir son camp.

II

Le patchwork africain pose problème… et offre des solutions

Chapitre 5

Des écarts de richesse gigantesques entre États

Aujourd'hui, le PIB par habitant de l'Afrique (1 848 dollars), exprimé en dollar courant, représente moins de 21 % du PIB chinois (8 826 dollars). Le PIB courant de l'ensemble du continent est de seulement 2 251 milliards de dollars, soit inférieur au PIB français (2 583 milliards de dollars) et loin derrière le PIB chinois (12 237 milliards de dollars).

L'écart de richesse d'un pays à l'autre du continent reste considérable avec, en tête, l'île Maurice, avec un PIB par habitant de 10 547 dollars en 2017, et en queue de peloton le Burundi (320 dollars). La médiane du PIB par habitant des cinquante-quatre pays africains (plus représentative de la richesse réelle) se situe à seulement 1 056 dollars.

Parler de croissance moyenne pour l'Afrique est peu pertinent tant cette croissance est mal répartie sur l'ensemble du continent. La première et la troisième puissances économiques africaines, le Nigeria et l'Égypte, ont un PIB par habitant 2017 respectivement de 1 968 dollars et 2 412 dollars. L'Afrique du Sud arrive en deuxième position (6 160 dollars) puis l'Algérie (4 123 dollars). Malgré l'instabilité qui a suivi le Printemps arabe, les pays d'Afrique du Nord apparaissent pour le moment comme les meilleurs élèves du continent (3 470 dollars). La guerre civile en Libye, les révolutions arabes et les problèmes en Algérie avec la chute des prix des hydrocarbures sont en train de rapidement changer la donne. En Algérie, les hydro-carbures et le secteur gazier représentent 95 % de l'ensemble de l'industrie (qui ne pèse que 5 % du PIB). La fiscalité de l'or noir représente 60 % de son budget et le déficit public abyssal met en difficulté la solvabilité du pays.

Au sud du Sahara, les situations sont encore plus contrastées. L'écart est considérable entre des pays comme le Nigeria (PIB courant 2017 de 375 milliards de dollars), qui a profité à plein de la manne pétrolière, et les pays les plus pauvres comme la Somalie (7,4 milliards de dollars), le Soudan du Sud (14 milliards de dollars), la Gambie (1 milliard de dollars) ou la Centrafrique (1,8 milliard de dollars) qui ont beaucoup de mal à se reconnecter à la croissance mondiale.

Les écarts démographiques sont tout aussi impressionnants : le pays le plus peuplé est le Nigeria (191 millions d'habitants), suivi de l'Éthiopie (105 millions d'habitants) et de l'Égypte (98 millions d'habitants), lesquels contrastent avec les pays les moins peuplés comme la République centrafricaine (4,6 millions d'habitants) et la Gambie (2,1 millions d'habitants). L'Afrique est un véritable patchwork.

Pour rattraper son immense retard économique face à la Chine, il faudrait que l'Afrique connaisse une croissance supérieure de 5 % à la croissance chinoise pendant trente ans. Lorsque la Chine réalise une croissance de 1 %, l'Afrique devrait dégager une croissance de 3 % pour seulement stabiliser son écart avec son concurrent asiatique. Pour le moment, la contribution à la croissance mondiale de l'Afrique subsaharienne ne représente qu'un trentième du total.

Nos projections donneraient un poids économique de l'Afrique en 2025 supérieur à celui d'aujourd'hui (2,8 %), soit 3,5 % en dollars courants. À titre de comparaison, le poids de la Chine serait de 20 % du total en 2025, celui de l'Europe de 18 %, des États-Unis de 17 %, de l'Inde de 4 % et du Brésil de 2,3 %. L'Afrique aura beaucoup de mal à rattraper le retard qu'elle a accumulé depuis la décolonisation.

Un continent, quatre profils économiques

Les sept premières puissances économiques du continent africain dont le PIB est supérieur à 80 milliards de dollars en 2017 (Nigeria, Afrique du Sud, Égypte, Algérie, Angola, Soudan et Maroc) représentent plus de la moitié du PIB total (65,7 %). Les trois premières puissances représentent quasiment 42,6 % de l'ensemble. Une large part de la croissance de ces sept pays, à l'exception du Maroc, est liée au prix des matières premières et du pétrole.

À la lumière de ces chiffres, on voit bien que la moyenne observée de la croissance de l'Afrique n'est en aucune manière représentative de la tendance à long terme de l'ensemble de ces économies. Le continent totalise cinquante-quatre pays dont les caractéristiques économiques, démographiques et géographiques sont totalement différentes. Comment comparer l'Afrique du Sud, pays mature, avec l'Éthiopie, pays en plein boom économique, à l'aube de son grand rattrapage ? En réalité, il existe quatre Afrique : celle des pays exportateurs de matières premières qui pèsent énormément (68,1 % du PIB africain) avec le Nigeria, l'Algérie, l'Angola, la Libye, la République du Congo, le Gabon, le Tchad… mais qui sont peu nombreux (14 sur 54) ; celle des pays diversifiés dont le poids économique est faible (en dehors de l'Afrique du Sud) et qui pèsent ensemble autour de 34,7 % du PIB africain : le Maroc, la Tunisie, le Cap-Vert, l'île Maurice… (11 sur 54) ; celle des pays en transition comme le Kenya, le Sénégal, la

Côte d'Ivoire, le Ghana ou le Cameroun, qui forment le groupe le moins nombreux (10 sur 54 avec un poids du PIB de 11,9 %) ; et, enfin, celle des pays en prétransition (les plus nombreux, 24 sur 54 avec un poids du PIB de 14,6 %) comme l'Éthiopie, la République démocratique du Congo, la Guinée, le Rwanda, le Mali… Cette dernière catégorie est celle qui détient le potentiel de rattrapage le plus élevé (de l'ordre de 9 % par an) avec un PIB par habitant courant compris entre 99 et 825 dollars. Certains pays en prétransition sont aussi producteurs de matières premières ou vont le devenir comme le Mozambique. Les grands pays exportateurs de matières premières ont en moyenne un PIB courant en dollar par habitant plus élevé, compris entre 9 850 dollars pour la Guinée équatoriale et 1 706 dollars pour le Soudan du Sud. Les pays en transition ont un PIB courant en dollar par habitant compris entre 1 662 dollars pour la Côte d'Ivoire et 1 033 dollars pour le Sénégal.

À la lumière de ces chiffres, on voit que le potentiel de rattrapage, et donc de croissance, de nombreux pays africains est considérable, à condition toutefois qu'ils évitent la guerre civile (Libye, République centrafricaine, Soudan…), les conflits interethniques (Rwanda, Côte d'Ivoire…), les conflits religieux (Nigeria, Centrafrique, Kenya…) et la montée des intégrismes (Niger, Mali). Ces pays en transition ou prétransition sont à la veille de leurs Trente Glorieuses, comme la Chine après la mort de Mao en 1976. Il suffit d'un léger développement ou d'une libération des micro-capitaux pour augmenter considérablement la richesse produite et générer des croissances fortes car l'effet de base[1] est énorme. Malheureusement, ces pays à fort potentiel de croissance ne pèsent pas suffisamment dans

---

1. Effet de base : une forte croissance est générée par rapport à une richesse proche de zéro.

le PIB du continent pour incurver significativement la trajectoire d'ensemble.

Au-delà d'un PIB de 4 000 dollars courants par habitant (Afrique du Sud, Botswana, Gabon, île Maurice, Namibie, Guinée équatoriale, Seychelles), les ménages dépensent plus de 50 % de leurs revenus en denrées non alimentaires qui sont le plus souvent produites en dehors de l'Afrique et importées. Les pays en transition (Cameroun, Ghana, Kenya, Mozambique, Sénégal, Tanzanie, Ouganda…) sont parfois très dépendants d'une seule ressource (cuivre en Zambie) qui, cumulée aux denrées agricoles, représente plus du tiers de leur PIB et deux tiers de leurs exportations.

LES GAGNANTS ET LES PERDANTS DE LA CROISSANCE

Si l'on retient comme critère la croissance moyenne annuelle du PIB en dollar constant entre 2001, date de l'entrée de la Chine dans l'OMC, et 2017, nous pouvons réaliser un classement des pays les mieux placés et de ceux qui sont encore à la traîne. Nous retenons comme critère le PIB constant en dollars qui a l'avantage de mieux faire ressortir la croissance endogène des pays. En tête, on retrouve l'Éthiopie, pays encore très pauvre (un tiers de la population vit en dessous du seuil de pauvreté) qui vient de loin avec un PIB par habitant de seulement 767 dollars (+ 9,7 %), suivi de la Guinée équatoriale, petit pays producteur de pétrole de seulement 1,3 million d'habitants avec une croissance annualisée de + 9,6 %. En troisième position, on trouve l'Angola (+ 8,5 %), gros producteur de matières premières. En quatrième position arrive le Rwanda, pays qui a souffert d'un terrible génocide et qui, lui aussi, revient de loin (+ 8,3 %) avec un PIB par habitant très faible, de l'ordre de 748 dollars. En cinquième position, on trouve le Mozambique avec une croissance annualisée de + 7,8 % et un PIB par habitant de seulement 416 dollars[1]. L'État se trouve empêtré dans une affaire de détournement de fonds résultant d'une dette cachée au profit d'officiels mozambicains. La lumière sur cette opération a entraîné un défaut de paiement du pays. Le Mozambique dispose d'immenses réserves de gaz en voie d'exploitation (5,6 trillions de mètres cubes), les plus importantes d'Afrique subsaharienne. La croissance pourra reprendre avec l'exploitation de cette immense richesse gazière. Mais le développement des infrastructures autorisant l'exportation du précieux gaz exige de très lourds investissements et a besoin des capitaux étrangers. Tant que l'affaire de cette dette cachée ne sera pas totalement réglée, le pays aura du mal à trouver les capitaux pour son développement. Une enquête du FBI américain est en cours. Le FMI a coupé ses aides au pays en 2016 après la découverte de la malversation. En attendant, les obligations mozambicaines s'échangent à 78 % de leur valeur faciale. C'est la plus grave crise depuis la fin de la guerre civile, en 1992. Le gouvernement a reconnu que sa dette devrait atteindre 130 % du PIB en 2017 (85 % en 2015) et souhaite désormais la restructurer. La dégradation du climat politique est une source majeure d'inquiétude. Le mouvement des rebelles, la Renamo, a repris les armes pour contester la mainmise de l'appareil d'État. Les affrontements se sont intensifiés ces derniers mois et le pays court le risque de voir son immense potentiel lui échapper[2]. Le Tchad arrive en sixième position, quasiment à égalité avec le Mozambique, avec une croissance annualisée de + 7,3 % et un PIB par habitant de 670 dollars. Essentiellement producteur de pétrole, le

---

1. Guillaume Benoit, « Nouveau rebondissement dans l'enquête sur la dette cachée du Mozambique », *Les Échos*, 7 novembre 2017, p. 28.
2. *Ibid.*

pays est en très grande difficulté financière depuis la baisse des cours de l'or noir. Il participe à la force antiterroriste conjointe du « G5 Sahel » pour lutter contre la montée des groupes terroristes islamiques. Le président Idriss Déby est au pouvoir depuis 1990 après cinq mandats. La santé de l'homme fort de la région se détériore et son fils, Mahamat Kaka, ambitionne de prendre la succession de son père. Le pays, qui est le seul à vraiment disposer d'une armée suffisamment structurée pour lutter contre le djihadisme dans la région, est soutenu à bout de bras par la communauté internationale. Particulièrement corrompu, le Tchad n'a pas su profiter de la manne pétrolière lorsque les cours du brut étaient très élevés pour diversifier son économie et réduire la pauvreté.

Le Nigeria n'arrive qu'en septième position (+ 6,9 %), pourtant gros producteur de matières premières, avec un PIB par habitant de 1 967 dollars. Ce classement démontre que les pays qui ont connu les plus fortes croissances depuis 2001 ont été pour l'essentiel des producteurs de matières premières, à l'exception de l'Éthiopie et du Rwanda.

Parmi les mauvais élèves, on trouve en dernière position le Zimbabwe, qui a connu une décroissance de son PIB de -0,3 % par an entre 2001 et 2017 et dont le PIB par habitant est de 1 080 dollars. Le pays, en pleine décomposition, rongé par l'inflation et la corruption, a connu, selon l'économiste canadien Nessim Aït-Kacimi, spécialiste des monnaies, « à peu près toutes les configurations monétaires : hyperinflation, déflation, démonétisation, remonétisation, panique bancaire, introduction d'une nouvelle monnaie, arrimage au dollar...[1] ». Entre mars 2007 et novembre 2008, le pays a subi la deuxième plus forte inflation de l'histoire contemporaine. Les prix doublaient

---

1. Nessim Aït-Kacimi, « Le Zimbabwe se cherche une monnaie, entre bitcoin et "zollar" », *Les Échos,* 17/18 octobre 2018, p. 30.

toutes les 24 heures. Cette hyperinflation a entraîné l'effondrement puis la disparition de la devise et la dollarisation du pays. L'inflation est actuellement de 243 %, ce qui place le pays au troisième rang mondial derrière le Venezuela et le Soudan. Comme au Venezuela, plusieurs devises ont été émises et adossées au billet vert. Le dernier en date, le « zollar », est un dollar électronique déposé dans les comptes bancaires, mais dont les retraits sont limités. L'État ne donnant aucune indication sur ses réserves de change, il est certainement en faillite. En novembre 2017, des militaires ont pris le contrôle du pays après un vrai-faux coup d'État[1]. Le président, Robert Mugabe, 93 ans, a été écarté du pouvoir. Emmerson Mnangagwa, vice-président, pourtant impliqué dans de nombreux détournements – il est accusé d'avoir volé 15 milliards de dollars –, est parvenu à démontrer qu'il serait la meilleure chance pour le pays, surtout aux yeux des investisseurs, notamment dans le secteur minier, principale ressource du pays. Emmerson Mnangagwa serait soutenu par des groupes chinois présents au Zimbabwe, devenus hostiles à Mugabe après son coup de force face à Pékin en août 2017, provoquant le départ de plusieurs compagnies (notamment Anjin, pilier historique des relations chino-zimbabwéennes). D'ailleurs, à peine nommé, le nouveau président s'est empressé de faire allégeance à Pékin, où il a fait ses études à l'académie militaire dans sa jeunesse. Ce « vieil ami » des Chinois a été accueilli en grande pompe, marquant le retour de ceux-ci au Zimbabwe après trente-sept ans de soutien sans faille au régime.

En avant-dernière position vient la République centrafricaine avec une baisse annualisée de l'activité de –0,2 %. Le pays est confronté à des violences entre les factions Seleka dans les

---

1. Jean-Philippe Rémy, « Vrai-faux coup d'État au Zimbabwe », *Le Monde*, 16 novembre 2018, p. 2.

régions du centre, et entre les rebelles et les milices anti-balaka dans le nord-ouest pour le contrôle du diamant, de l'or et du bétail. Les civils se retrouvent coincés entre deux feux, et sont parfois pris pour cible, malgré la présence des forces de maintien de la paix de l'ONU. Le gouvernement lutte pour garder le contrôle de la capitale, en s'appuyant sur les forces de maintien de la paix. On estime que 461 000 personnes, pour la plupart de confession musulmane, se sont réfugiées dans les pays voisins ; 421 700 autres personnes sont déplacées à l'intérieur du pays. La Centrafrique est embourbée dans un conflit meurtrier qui dure depuis 2013.

Arrivent ensuite les Comores avec une croissance annualisée de seulement 2,3 %, autant que l'accroissement de la population ! Ces quatre îles de l'est de l'Afrique dans l'océan Indien, ex-colonies françaises devenues indépendantes en 1975 après un référendum, sont enfermées dans la pauvreté (797 dollars par habitant en 2017). La démographie y est galopante et une stérilisation des terres à la suite de la déforestation a été très défavorable à l'agriculture, principale richesse du pays. 69 % de la population urbaine vit dans des bidonvilles et la mortalité infantile reste désespérément élevée (73 pour 1 000 habitants avant cinq ans). L'insécurité s'est propagée à Mayotte, île voisine, qui est restée dans le giron français.

Mayotte face à une immigration massive en provenance des Comores

La violence et la délinquance ont pris des proportions dramatiques dans le département français de Mayotte. En 2015, 23,5 logements sur 1 000 ont été cambriolés (contre 7 sur 1 000 en métropole). Les vols avec violence s'accroissent. Les « coupeurs de route », des jeunes délinquants livrés à eux-mêmes dans des bidonvilles, dressent des barrages sauvages sur les axes routiers pour racketter, souvent férocement, les automobilistes, et font régner la terreur[1]. Une émigration sauvage provenant des Comores est en train de pourrir l'existence des Mahorais. À une petite échelle, le cas des Comores et de Mayotte illustre les problèmes que pourrait, à terme, connaître l'Europe si l'Afrique ne change pas fondamentalement sa trajectoire de croissance. L'île, qui est au bord de l'explosion sociale, a connu une croissance démographique hallucinante avec une population qui a été multipliée par 11 de 1958 à 2017, passant de 23 300 à 256 500 habitants[2]. Le taux de fécondité atteint un niveau alarmant de 4,1 enfants par femme, très loin du standard français de 1,9. La ministre de l'Outre-mer a admis qu'il faudrait ouvrir une classe par jour pour faire face à cette déferlante. La moitié de la population des 18-79 ans qui réside à Mayotte n'y est pas née et résulte de l'explosion migratoire des Comores. 45 % des étrangers comoriens sont en situation irrégulière. Cette situation engendre misère et pauvreté. Les maternités sont submergées. Le taux de chômage chez les jeunes et les femmes avoisine les 47 %. Les conséquences humanitaires de l'immigration sont désastreuses avec la mort de milliers de Comoriens qui se noient du fait d'embarcations de fortune, les kwassas kwassas, sur lesquels ils tentent de rejoindre l'île.

Nathacha Appanah dans son livre *Tropique de la violence* décrit parfaitement la situation de Mayotte. « Gaza c'est un bidonville… Je ne sais pas qui a surnommé ainsi le quartier défavorisé de Kaweni… mais il a visé juste. Gaza, c'est un ghetto, un dépotoir, un gouffre, une favela, c'est un immense camp de clandestins à ciel ouvert, c'est une énorme poubelle

---

1. Patrick Roger, « À Mayotte, la délinquance et la violence ont pris des proportions dramatiques », *Le Monde*, 13 mars 2018, p. 7.
2. Christophe Rocheland, « Le gouvernement fait une erreur d'analyse à propos de Mayotte », *Le Monde*, 21 mars 2018, p. 20.

fumante que l'on voit de loin. Gaza c'est Cape Town, C'est Calcutta, c'est Rio. Gaza c'est Mayotte, Gaza c'est la France… Depuis le temps qu'il y a des articles, des reportages, des rapports, des missions, des visites, des pétitions, des pamphlets, des lois, des campagnes, des grèves, des élections, des manifestations, des émeutes, des promesses. Depuis le temps. C'est l'effet papillon qui nous pète à la gueule… Ce n'est peut-être qu'une vieille histoire, cent fois entendue, cent fois ressassée. L'histoire d'un pays qui brille de mille feux et que tout le monde veut rejoindre. Il y a des mots pour ça : eldorado, mirage, paradis, chimère, utopie, Lampedusa. C'est l'histoire de ces bateaux qu'on appelle ici kwassas kwassas, ailleurs barque ou pirogue ou navire, et qui existent depuis la nuit des temps pour faire traverser les hommes pour ou contre leur gré[1]. »

La réponse totalement sécuritaire ne peut stopper l'hémorragie migratoire des Comoriens qui fuient la misère. La solution doit être avant tout diplomatique et économique, fondée sur une politique de coopération intense dans tous les domaines avec les responsables comoriens : santé, éducation, formation, finances, investissements économiques et gouvernance. Parallèlement, les Mahorais les plus éduqués fuient vers l'île de la Réunion, première région d'expatriation des natifs de Mayotte, aggravant par un effet de domino le déficit des hôpitaux réunionnais.

L'ÉTHIOPIE : UN POTENTIEL DE CROISSANCE PARMI LES PLUS ÉLEVÉS

L'Éthiopie est en passe de devenir le deuxième pays le plus peuplé d'Afrique (105 millions d'habitants) derrière le

---

1. Nathacha Appanah, *Tropique de la violence*, Gallimard, 2016, p. 54.

Nigeria (191 millions d'habitants). La construction du plus grand barrage d'Afrique sur son territoire (le barrage Grande Renaissance aménagé sur le Nil bleu) avec, à la clé, la fourniture d'énergie et la possibilité d'irrigation de terres nouvelles, devrait doper sa croissance. Le pays bénéficie du redéploiement d'entreprises textiles chinoises dont la main-d'œuvre est devenue trop chère. Les gratte-ciel fleurissent à Addis-Abeba, les millionnaires se multiplient (3 100 en 2016 contre 1 300 dix ans auparavant), alors qu'un tiers de la population vit avec moins de deux dollars par jour.

Cependant, le miracle économique éthiopien pourrait bien être compromis par les affrontements entre les Oromo, issus de l'ethnie majoritaire, et les Somali qui ont fait de nombreux morts ces trois dernières années[1]. Plusieurs investisseurs étrangers ont été pris pour cible et le gouvernement a déclaré l'état d'urgence (qui, depuis, a été levé). Les étrangers sont vus comme des opportunistes associés à un régime autoritaire qui concentre tous les pouvoirs au profit de l'ethnie minoritaire des Tigréens (6 % de la population). Les expropriations de terres au profit de l'industrie ou des infrastructures ont attisé les tensions. Il s'agit de la plus grave crise que le pays ait traversée depuis la chute de la dictature marxiste il y a vingt-cinq ans, qui aurait pu faire basculer la région dans la guerre civile. Les troubles sociaux ont effarouché les investisseurs étrangers qui financent une balance du compte courant largement déficitaire du fait d'une balance commerciale très déséquilibrée (-7,1 % du PIB en 2016) jusqu'aux investisseurs chinois. Le niveau d'endettement et la raréfaction des devises deviennent de plus en plus problématiques en dépit d'une très forte croissance.

---

1. Yves Bourdillon, « Le miracle économique éthiopien menacé », *Les Échos,* 18 octobre 2016, p. 8.

Depuis le début de 2018, les autorités éthiopiennes ont lâché du lest en libérant 746 prisonniers politiques, parmi lesquels le blogueur Eskinder Nega et l'opposant Andualem Arage, dont les arrestations avaient suscité la réprobation de la communauté internationale. Cette libération est concomitante à la nomination d'un nouveau Premier ministre en avril 2018, Abiy Ahmed (ancien lieutenant-colonel titulaire d'un doctorat sur les questions de paix et de sécurité), nommé par la coalition au pouvoir, le Front démocratique révolutionnaire des peuples éthiopiens (EPRDF), en remplacement de Hailemariam Desalegn, démissionnaire du fait de son incapacité à résorber les troubles dans les régions peuplées majoritairement par les Amhara et les Oromo, et nommé à ce poste en septembre 2017 (lui-même ayant succédé à Meles Zenawi décédé en août 2017)[1]. Abiy Ahmed est originaire du Sud et appartient, précisément, à l'ethnie Oromo. Il a comme numéro deux un Amhara, Demeke Mekonnen. On peut y voir une réelle volonté d'ouverture vers les ethnies du Sud. Les frustrations affleurent en effet malgré une réussite économique incontestable qui a permis de sortir de l'extrême pauvreté des millions de gens. Depuis son arrivée au pouvoir, Abiy Ahmed s'emploie à instaurer la paix à l'intérieur comme à l'extérieur de son pays. « Si on veut que notre région décolle, il faut en finir avec les crises et, pour cela, il faut tout bouleverser[2] », affirme le nouveau président. Il enchaîne les visites dans la région pour faciliter de futurs échanges. De la Corne à l'Afrique australe, il y a des usines à construire, des minerais à extraire, du pétrole à exporter, des lignes de chemin de fer et des ports à bâtir… Cela n'adviendra pas dans un climat de crises ou de guerres

---

1. Yves Bourdillon, « Un pas vers la sortie de crise politique en Éthiopie », *Les Échos*, 31 mars 2018, p. 8.
2. Jean-Philippe Rémy, « L'Éthiopie, vers la paix sous influence de Riyad », *Le Monde*, 15 juin 2018, p. 2.

larvées. Pour réaliser la paix à l'extérieur, le président, sous l'influence et l'œil bienveillant de l'Arabie saoudite, a formulé une offre aux deux pays les plus menaçants, avec une proposition de paix pour l'Érythrée, le frère ennemi allié des Émirats arabes unis, afin de régler le contentieux frontalier qui date de 2002, et un partage effectif de la gestion des eaux du Nil avec l'Égypte. Le rapprochement historique entre l'Éthiopie et l'Érythrée a été symbolisé par une accolade filmée entre le président érythréen Isaias Afwerki et l'Éthiopien Abiy Ahmed le 8 juillet 2018 à Asmara, une première depuis la guerre qui a fait environ 100 000 victimes. La liaison téléphonique a été rétablie entre les deux pays, coupée depuis 1998. Deux postes frontières, fermés depuis plus de vingt ans, ont été rouverts, symbolisant la spectaculaire réconciliation de ces voisins de la Corne de l'Afrique.

Abiy Ahmed mène des réformes radicales. Il a décidé de casser le monopole de l'État dans les secteurs clés de l'économie en ouvrant aux investisseurs, y compris étrangers, une partie, certes minoritaire, du capital des entreprises publiques dans les secteurs des télécommunications, des transports, ou encore de l'information, du sucre, des parcs industriels, des hôtels… La question de la terre, source de mécontentements et de souffrances, n'est pas dans le radar des réformes[1].

En septembre 2018, des violences entre communautés ont fait 25 morts, non loin de la capitale Addis-Abeba, située au cœur de la région Oromo. Ce conflit a entraîné le déplacement de près de 10 000 personnes, selon la Commission nationale de gestion des risques de catastrophe[2]. Cette gestion brutale de

---

1. Jean-Philippe Rémy, « L'Éthiopie annonce des réformes radicales pour éviter l'implosion », *Le Monde*, 8 juin 2018, p. 4.
2. Émeline Wuilbercq, « Éthiopie : l'"Abiy mania" à l'épreuve des violences », *Le Monde*, 20 septembre 2018, p. 5.

l'ordre sonne comme un retour en arrière, même si le Premier ministre a, bien entendu, condamné fermement ces meurtres et actes de violence. D'après le chef de la police fédérale, des manifestants auraient été payés pour déstabiliser la région et contrecarrer le processus de réforme engagé par Abiy Ahmed.

Cet exemple montre les difficultés de l'implantation en Afrique d'un système de développement « à la chinoise ». L'Afrique n'est pas l'Asie. Les conflits ethniques dans de nombreux territoires entravent le développement du continent. Il semble cependant que le nouveau président éthiopien offre cette fois-ci de réelles possibilités de concorde et de croissance à son pays avec sa révolution menée tambour battant. De plus, Abiy Ahmed bénéficie d'une majorité au sein de la coalition, laquelle faisait défaut à son prédécesseur. La privatisation partielle offrira aux vieux piliers du pouvoir réfractaire, enrichis depuis deux décennies, la possibilité de continuer de s'enrichir en se transformant en oligarques.

LE LIBERIA ET LA GUINÉE ENFERMÉS DANS LA VIOLENCE ET LA PAUVRETÉ

Dans notre classement, le Liberia est très mal placé et arrive en cinquième position (en partant du plus mauvais) en termes de croissance entre 2000 et 2017 avec 2,4 % par an. Il fait partie des pays les plus pauvres d'Afrique et les plus démunis avec un PIB par habitant de seulement 456 dollars. Il a fait tristement la une de l'actualité en 2014 lors de la propagation du virus Ebola, particulièrement mortel, qui s'est répandu dans tout le pays du fait de conditions sanitaires déplorables et d'une population urbaine vivant majoritairement dans des bidonvilles (66 %). De 1990 à 2003, le Liberia a été ravagé par une guerre civile très meurtrière qui a fait au moins 150 000 morts.

George Weah, ex-footballeur de légende, a été élu président en janvier 2018 en dénonçant l'interdiction faite aux étrangers de posséder des biens fonciers, dissuasive selon lui pour les investisseurs, et en abaissant son salaire de 25 %. Il constitue un espoir pour les Libériens.

La Guinée se situe dans la moyenne avec une croissance annualisée de seulement 4,5 %. Le pays reste très pauvre avec un PIB par habitant de seulement 825 dollars en 2017. Il est le deuxième plus grand producteur mondial de bauxite (le principal minerai permettant la production d'aluminium), mais reste trop dépendant de l'agriculture et de la production minière (notamment diamant et or en plus de la bauxite). En 2014, la Guinée, voisine du Liberia, a subi, elle aussi, la propagation de l'épidémie d'Ebola.

« Madagascar, l'invraisemblable désastre économique[1] »

La grande île africaine est le seul pays au monde où le revenu par habitant a reculé en dollar constant depuis 1960. Le déclin de 30 % du revenu par habitant depuis son indépendance laisse perplexe. Il ne dépasse pas 449 dollars et place Madagascar à la sixième place des pays les plus pauvres du monde. Seule une poignée de pays font moins bien (Burundi, République centrafricaine, Liberia, Niger, République démocratique du Congo). Les trois quarts de sa population vivent en dessous du seuil de pauvreté. Caractéristique de son sous-développement, l'île connaît des épisodes récurrents de peste, maladie éradiquée dans le reste du monde depuis un demi-siècle. Les terres

---

1. Yves Bourdillon, « Madagascar, l'invraisemblable désastre économique », *Les Échos*, 27 mars 2017, p. 6.

agricoles sont pourtant particulièrement riches et devraient permettre le développement d'une agriculture performante. Les réserves de nickel, de cobalt ou d'or sont abondantes. Le pays n'est pas déchiré par des problèmes interethniques, souvent source de sous-développement ailleurs. De 2000 à 2017, la croissance moyenne annuelle en dollar constant a été de 2,9 %. La population sur cette période a crû au taux moyen annuel de 2,9 % pour atteindre 24,9 millions d'habitants aujourd'hui. Le PIB par habitant a donc stagné sur la période. Madagascar a connu des épisodes de rebond, notamment en 2016 avec + 5 %, dynamisé par un vaste plan d'investissements publics. En 2017, la croissance a été du même ordre (+ 4,2 %) avec la mise en place par le FMI d'un programme de réformes adossé à une facilité élargie de crédit, couplée à des promesses d'investissements de la part de bailleurs de fonds internationaux. Mais les espoirs de rebonds prolongés ont été le plus souvent déçus par de nombreuses crises politiques, au rythme d'environ une tous les six ans depuis 1991. La croissance en 2018 devrait être correcte si aucun cyclone ne vient ravager les plantations de vanille comme en 2015, provoquant une multiplication par dix du prix (600 euros le kilo). Madagascar, premier producteur mondial avec 80 % de la production totale, dépend largement pour ses exportations de cette épice, la plus chère du monde derrière le safran. Une économie de rentes et de « rapines » s'est installée à la tête de l'État au profit d'une « hyperélite » de 10 000 personnes, intéressées seulement à faire prospérer leur fortune au détriment de l'ensemble du peuple malgache[1]. Des jalousies conduisent régulièrement à des tentatives de renversement du pouvoir pour participer au pillage du pays. Rien d'étonnant à ce que Madagascar figure au 155e rang mondial sur 180 en matière de perception de la corruption. La paupérisation de la classe moyenne ne permet pas de faire émerger

―――――――――

1. *Ibid.*, p. 6.

un corps intermédiaire capable de diriger le pays. Cette atrophie explique la faiblesse des forces qui poussent au changement. L'Administration malgache est l'une des plus petites du monde, et le taux de fonctionnaires par rapport à l'ensemble de la population est le seul en Afrique à régresser[1]. Les travailleurs du secteur informel sont marginalisés, et les paysans, dispersés sur tout le territoire, vivent à l'écart des espaces urbains. Les inégalités de statut héritées des royaumes en place avant la colonisation demeurent, même si elles ont officiellement été abolies au XIXe siècle. Cette ségrégation entre les individus, selon qu'ils appartiennent à la « caste » des anciens esclaves, des roturiers ou des nobles, perdure et entretient le fatalisme. Les Malgaches sont l'un des peuples qui demandent le moins de comptes à leurs dirigeants, car l'État est auréolé d'un caractère sacré[2]. Le rapport du FMI ne se préoccupe pas de savoir à qui profite la croissance et les bailleurs de fonds ont tendance à se montrer complaisants avec les gouvernements dès lors que le pays affiche un peu de croissance. Les trafics en tout genre (bois précieux, saphirs…) ont explosé. L'accaparement de la richesse par une minorité entrave le développement.

Madagascar est à nouveau plongée dans une crise politique dont l'île a le secret[3]. Après l'adoption de lois électorales, non conformes à la Constitution, et la répression des manifestations qui ont suivi, le feu couve dans le pays. Les affrontements et les tractations secrètes entre les principaux partis et leurs candidats pour les élections présidentielles ont continué d'alimenter l'instabilité et ont donné une fois de plus le spectacle d'un

---

1. Entretien recueilli par Laurence Caramel, « Madagascar est le seul pays qui s'appauvrit depuis 60 ans sans avoir connu la guerre », *Le Monde*, 20 novembre 2017, p. 15.
2. *Ibid.*, p. 15.
3. Laurence Caramel, « Madagascar plongée dans la crise », *Le Monde*, 26 juin 2018, p. 27.

personnel politique davantage préoccupé par la défense de ses propres intérêts que par l'avenir du pays.

LE DÉVELOPPEMENT HUMAIN : UN OBJECTIF ENCORE LOINTAIN

L'indice de développement humain (IDH) a été défini par le Programme des Nations unies pour le développement (PNUD)[1]. L'IDH, compris entre 0 et 1, se fonde sur quatre critères majeurs : le PIB par habitant, l'espérance de vie à la naissance, le niveau d'éducation et le niveau de vie. Les pays sont classés selon l'IDH en quatre groupes : développement très élevé, élevé, moyen et faible. La majorité des pays africains n'ont pas atteint en 2017 les objectifs du millénaire pour le développement fixé par l'ONU. Aucun d'eux ne figure dans la catégorie « développement humain très élevé » et leur classement est extrêmement hétérogène, à l'image des économies du continent.

Le développement humain est inégal d'une région et d'un pays à l'autre, ainsi qu'à l'intérieur même des pays. C'est l'Afrique du Nord qui se classe en tête, avec un IDH compris entre 0,6 et 0,7, tandis que l'Afrique de l'Ouest est la moins avancée, avec un IDH entre 0,4 et 0,7. À titre de comparaison, la moyenne européenne tourne autour de 0,9.

La pauvreté a chuté dans 30 pays africains sur 35. Ce sont le Rwanda (qui a lancé un programme d'assurance maladie communautaire permettant de couvrir près de 9 habitants sur 10), le Ghana, le Liberia, les Comores et la République démocratique du Congo qui ont obtenu les meilleurs résultats. Enfin, au Botswana, en Namibie, au Rwanda, au Lesotho et à

---

1. Jean-Luc Buchalet, *Le Capitalisme et les 7 péchés capitaux*, *op. cit.*, p. 163.

Maurice, les écarts de genre (entre les hommes et les femmes) se sont réduits.

Tous les pays africains se situent en dessous de la moyenne mondiale (0,717), à part l'Algérie et la Tunisie (respectivement 83e et 97e sur 188 pays dans le classement mondial), et, parmi les pays plus petits, les Seychelles et Maurice (respectivement 63e et 64e dans le classement mondial). Treize pays africains se situent dans la catégorie « développement humain moyen » (IDH de 0,623) : le Botswana, le Gabon, l'Égypte, l'Afrique du Sud, le Cap-Vert, le Maroc, la Namibie, le Congo, la Guinée équatoriale, le Ghana, la Zambie, Sao Tomé-et-Principe, et le Kenya. Tous les autres pays se situent dans la catégorie des pays ayant un faible niveau de développement humain. L'IDH médian de l'Afrique se situe à 0,5, soit 167e dans le classement mondial, c'est-à-dire au niveau des pays les moins avancés de la planète. Sur les 25 dernières places du classement mondial, 23 pays sont africains avec, comme bon dernier, la République centrafricaine (188e). À titre de comparaison, la Chine est classée 97e (0,738) dans les pays à IDH moyen, comme l'Inde, classée 139e (0,624), et le Brésil classé 85e avec un IDH de 0,754. L'IDH moyen de l'OCDE est de 0,887 et correspond au rang de l'Italie (28e pays).

La Banque mondiale a publié un nouvel indice du capital humain en 2018 qui est complémentaire de l'IDH car il renonce à évaluer le revenu national brut par habitant. Cet indice s'appuie sur les données telles que le niveau d'éducation, l'espérance de vie à la naissance ou l'accès à la santé[1]. Son objectif est de montrer à quel point ces paramètres, et les investissements qui leur sont consacrés, influent sur la productivité des individus.

---

1. Marie de Vergès, « La Banque mondiale publie un nouvel indice du capital humain », *Le Monde*, 12 octobre 2018, p. 5.

Et, par ricochet, sur la croissance et la prospérité des nations. L'organisme a classé 157 pays sur une échelle allant de 0 à 1. Un score de 0,70, par exemple, signifie que le niveau de productivité qu'un enfant né aujourd'hui peut espérer atteindre à l'âge adulte sera inférieur de 30 % au niveau qu'il aurait pu atteindre s'il avait suivi une scolarité complète et avait vécu en pleine santé. Au premier rang trône Singapour (0,88), suivi de la Corée du Sud et du Japon. La France est classée 22e (0,76) devant les États-Unis (24e). La Chine est 46e (0,67), le Brésil 81e et l'Inde 115e (0,44). À l'autre bout du spectre, l'Afrique est surreprésentée. En effet, les 20 derniers pays de l'index ICH de la Banque mondiale sont tous situés sur ce continent avec le Nigeria 127e (0,34), le Soudan du Sud (0,30), et le Tchad, en queue de peloton (0,29). Seule l'île Maurice s'en sort mieux avec un indice de capital humain à plus de 0,63. La Tunisie, souvent citée comme exemple, reste mal classée avec un ICH de seulement 0,51 comme l'Algérie (0,52).

L'ICH montre clairement que l'un des facteurs essentiels au développement économique durable et inclusif est l'investissement dans la santé et l'éducation[1]. On l'a vu, même si des progrès notables ont été réalisés ces dernières années sur le continent, l'Afrique reste à la traîne dans ce domaine. Une majorité d'enfants africains ayant suivi l'école primaire ne maîtrisent pas les apprentissages fondamentaux. De nombreux gouvernements rechignent à investir dans leurs populations car les retombées tardent à se manifester. L'éducation est un système de longue haleine, alors que l'investissement dans les infrastructures comme les routes, les ports et les voies ferrées génère des gains de productivité rapides et se voit immédiatement dans la croissance. L'Europe doit impérativement aider l'Afrique à investir massivement dans la formation, dans l'éducation et la santé.

---

1. *Ibid.*

Le taux d'homicides met en évidence les tensions qui existent au sein de nombreux pays africains où la violence est le lot quotidien de la population. Un taux d'homicides particulièrement élevé indique une déficience de gouvernance. Le continent, avec un taux moyen de 9,24 homicides civils (qui exclut les morts causées par les guerres) pour 100 000 habitants, est deux fois plus dangereux que la moyenne mondiale (5,30), mais l'est nettement moins que l'Amérique du Sud (22,3). Les pays développés se situent plutôt vers 1 homicide pour 100 000 habitants, à l'exception notable de la Russie qui a un taux de 11,30.

Parmi les vingt pays les plus dangereux au monde, principalement d'Amérique latine, on compte cinq pays africains en nombre d'homicides pour 100 000 habitants : Afrique du Sud (34,3), Congo (10,1), République centrafricaine (13,1), Côte d'Ivoire (11,8) et Mali (10,8). Dans le monde, seuls trois pays sont plus violents (au sens civil du terme) que l'Afrique du Sud : le Honduras (63,8), le Venezuela (57,1) et la Jamaïque (43,2).

Si l'on prend le nombre de meurtres causés par les guerres entre 2014 et 2016 (hors homicides civils), le chiffre moyen de l'Afrique se situe à 83,2 meurtres par an pour 100 000 habitants, c'est-à-dire 12,2 fois plus que les homicides civils. De ce point de vue, l'Afrique se trouve aussi en troisième place derrière, cette fois-ci, le monde arabe (1 660 meurtres pour 100 000 habitants) et l'Asie du Sud (104). C'est la Syrie qui détient le record mondial (26 853), suivie par l'Afghanistan (4 572), puis l'Irak (2 805) et le Yémen (1 303). Parmi les vingt pays les plus meurtriers entre 2014 et 2016 se trouvent dix pays africains[1] dont les plus meurtriers sont la Libye, la Somalie, le Soudan du Sud et le Cameroun. Le nombre de déplacés et de

---

1. Libye (1 231), Somalie (978), Soudan du Sud (784), Cameroun (295), Soudan (289), Nigeria (192), Niger (98), Mali (77), Tchad (63), et République démocratique du Congo (61).

réfugiés dans leur propre pays est spectaculaire dans ces zones de guerre[1]. Le constat est alarmant : suite aux divers conflits dans le monde, leur nombre a atteint un nouveau record en 2017, pour la cinquième année consécutive, à 68,5 millions, dont environ la moitié sont des enfants, selon le dernier rapport de l'ONU. Les réfugiés qui ont fui leur pays pour échapper aux conflits et à la persécution représentent 25,4 millions de personnes sur les 68,5 millions de déracinés, soit un accroissement de 2,9 millions par rapport à 2016. Au total, 1 personne sur 110 est déplacée dans le monde. La Syrie arrive en tête des déplacés. L'Afrique est aussi tristement bien représentée dans ce classement avec des pays comme le Soudan du Sud, la Libye, la République du Congo ou la Somalie. 85 % des déplacés vivent dans des pays en développement.

Le documentaire *Nous venons en ami*, réalisé par l'Autrichien Hubert Sauper, dresse une fresque terrifiante de l'un de ces pays en guerre, le Soudan du Sud[2]. Tourné à hauteur d'homme, le film montre une population en souffrance dont le territoire a été totalement dévasté par une guerre civile (1983-2005) qui a fait 2 millions de morts et 4 millions de réfugiés. Lors de la proclamation de son indépendance le 9 juillet 2011, le Soudan du Sud est un territoire exsangue mais riche d'un sous-sol gorgé de pétrole, d'or et d'uranium que les puissances occidentales et chinoises convoitent. C'est en « amis » que la Chine, au nord, et les États-Unis, au sud, se sont présentés à lui. À quelques kilomètres des forages, l'eau n'est plus potable parce que les compagnies pétrolières la mélangent avec le pétrole en creusant des trous profonds. Au Soudan du Sud, terre chrétienne et animiste, des évangélistes américains sont

---

1. Michel de Grandi, « Nouveau record en nombre de personnes déplacées », *Le Monde*, 20 juin 2018, p. 6.
2. Pierre Lepidi, « Le Soudan du Sud, entre guerre fratricide et convoitises », *Le Monde*, 20 juin 2018, p. 19.

venus s'installer en nombre, distribuant des boîtiers équipés de panneaux solaires pour convaincre les habitants d'écouter le message de la Bible. « Ici nous sommes au nouveau Texas », assure une évangéliste. « Si tu ne portes pas d'uniforme pour aller à l'école, tu n'es rien », explique un homme à une adolescente vêtue de sa tenue traditionnelle. En 2013, le plus jeune État du monde replongeait dans une guerre civile sans fin entre partisans du président Salva Kiir et ceux de son ancien vice-président, Riek Machar. Même si, le 14 juin 2018, les deux hommes ont déclaré être prêts à se rencontrer, la paix n'est pas pour demain. Le tableau n'est pas plus reluisant en Libye, où une difficile réconciliation est en marche ; en Somalie, entre les mains des chefs de clan, des miliciens appliquant la charia ; en Centrafrique avec le conflit religieux et ethnique ; ou au nord du Cameroun et au Nigeria où les populations subissent les attaques incessantes du mouvement insurrectionnel salafiste djihadiste Boko Haram.

L'attribution du prix Nobel de la paix 2018 au Congolais Denis Mukwege, gynécologue qui soigne les victimes de sévices sexuels au Sud-Kivu en RDC, illustre tristement ces violences conséquentes de la lutte entre milices pour s'attribuer les ressources naturelles du pays. « Les viols dont nous parlons sont prémédités et méthodiques. Ils se déroulent en public, devant les pères, les maris, les voisins, les enfants. Ce qui multiplie l'ampleur du traumatisme, empoisonne les familles, désintègre toute une communauté. Ils sont collectifs (c'est-à-dire qu'une personne peut être violée par plusieurs hommes à tour de rôle), massifs (200 femmes d'un village violées en une nuit), systématiques (les bébés comme les aînées de plus de 80 ans). Ils sont suivis de tortures : une baïonnette, une fois le viol achevé, est introduite dans le vagin, un bâton couvert de plastique ou de caoutchouc brûlant, de l'acide corrosif ou du fioul auquel on met le feu… En s'attaquant à l'appareil génital, on détruit la matrice, la porte d'entrée à la vie[1]. » Quelles conséquences pour ces peuples ? « Des déplacements massifs de populations terrorisées qui fuient leur village, d'autant que, pour en prendre le contrôle, les milices ou les groupes de violeurs n'hésitent pas également à piller et à brûler les récoltes[2]. » Le Congo recèle 80 % des réserves mondiales de coltan qui est utilisé pour la fabrication de nos téléphones portables. Tout doit être fait pour ne pas briser la chaîne d'approvisionnement de l'industrie électronique mondiale. Faire main basse sur les richesses du sous-sol en Afrique est aujourd'hui la grande affaire, de même que contrôler le niveau des prix de la matière première. Les armées et les milices se sont emparées de cet eldorado, alors que le monde ferme les yeux sur ces horreurs. « La mondialisation a des conséquences inattendues. Et si elle n'est pas animée par une éthique, une morale[3]… »

---

1. Interview de Denis Mukwege recueilli par Annick Cojean, « Si ma vie a été sauvegardée, c'est pour une cause », *Le Monde*, 8 octobre 2018, p. 23.
2. *Ibid.*
3. *Ibid.*

Chapitre 6

La « malédiction »
des matières premières

Entre un tiers et la moitié des ressources naturelles mondiales sont localisées en Afrique[1] : 32 % de la croissance africaine entre 2000 et 2008 leur sont directement imputables (ce qui correspond à l'hypercycle des matières premières), et 70 % leur sont liés indirectement. Les 5,7 % de croissance du PIB entre 2000 et 2008 doivent donc être amputés de deux tiers pour refléter le réel potentiel de l'Afrique, ne laissant qu'un maigre + 1,9 % par an, guère plus que la croissance potentielle des pays développés. Si l'on ne tient pas compte de l'accroissement de la population (+ 2,6 %) ni de l'effet matières premières, la croissance africaine reste très faible. En moyenne, 82 % des exportations des biens de la région proviennent des matières premières (agricoles et agroalimentaires comprises).

Selon le cabinet McKinsey, la croissance des emplois « stables », c'est-à-dire non liés aux ressources naturelles, n'a pas dépassé 0,5 % en moyenne annuelle. Les ressources de base ont donc été une opportunité pour le développement de l'Afrique, mais sa dépendance présente la plus grosse menace pour le futur si l'on considère que l'hypercycle des matières premières est derrière nous. En Zambie, par exemple, la production de cuivre représente 80 % des exportations du pays, et

---

1. McKinsey, « McKinsey on Africa. A Continent on the Move », juin 2010, p. 4.

15 % des revenus fiscaux sont générés par une société minière canadienne, First Quantum. Au Botswana, on estime le potentiel de production des mines à moins de vingt ans.

Une dangereuse suprématie

L'effet de l'envolée spectaculaire du prix des matières premières sur ces économies pourrait se retourner et se transformer en malédiction si la baisse actuelle des prix devenait structurelle. Les exportations de matières premières ont provoqué depuis 2004 un accroissement des devises de ces pays avec l'afflux de capitaux étrangers, ce qui a nui aux autres secteurs déjà peu compétitifs. L'ensemble des investissements a majoritairement été dirigé vers les ressources minières, asséchant littéralement les autres secteurs d'activité. Et, comble du désastre, les activités minières, pétrolières et gazières ont été faiblement créatrices d'emplois.

Le graphique ci-après explique bien le phénomène qui a touché l'Afrique : la période 1980-2003 montre une stabilité du prix des matières, alors que l'inflation s'envole. En termes réels (donnée déflatée), la baisse du prix des matières premières a été considérable. On constate un certain rattrapage à partir de 2004, mais il est loin de combler l'immense retard accumulé.

Avec une croissance de 1,3 %, l'Afrique a enregistré en 2016 la progression la plus faible de son PIB depuis deux décennies. Le choc a été violent. En 2017, la croissance est repartie avec 3,3 % mais à un rythme trop faible compte tenu de l'accroissement de la population de 2,6 %. La fin de l'hypercycle des matières premières a porté un rude coup au continent africain. Pour 2018, les estimations sont plus optimistes avec 3,2 % anticipés. Les prévisions se situent autour de 3,6 % pour 2020.

Qu'adviendra-t-il de l'économie africaine si notre scéna-rio de retournement de l'hypercycle des matières premières se confirme avec le ralentissement chinois et une offre de matières premières trop abondante ? Le renouveau africain ne va-t-il pas s'étioler face à la lourdeur bureaucratique, la corruption et un système bancaire faible ? L'afro-optimisme qui s'est installé dans la tête des investisseurs ces dernières années, notamment grâce à la constitution d'une petite classe moyenne et l'arrivée de nouveaux capitaux privés, va-t-il se confirmer ?

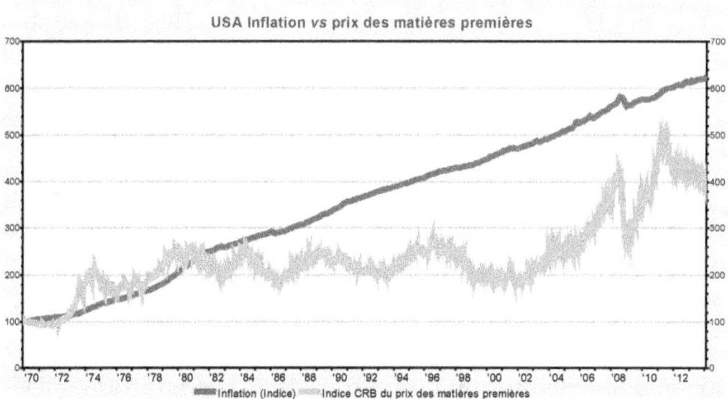

Le Nigeria, déstabilisé
par la chute des cours du pétrole

Le Nigeria, première puissance démographique avec 190 mil-lions d'habitants et deuxième puissance économique africaine, reste majoritairement dépendant du pétrole[1]. Le pays est assis sur 37 milliards de barils de pétrole de réserves prouvées, ainsi

---

1. Yves Bourdillon et Michel de Grandi, « La chute des prix du pétrole déstabilise de nombreux pays exportateurs », *Le Monde*, 15 mars 2015, p. 8.

que sur 5 500 milliards de mètres cubes de gaz[1]. L'exploitation a commencé à la fin des années 1950, juste avant l'indépendance. Soixante ans plus tard, le bilan est médiocre. Le PIB par habitant[2] est inférieur à celui du Congo ou du Cap-Vert, l'indice de développement humain est proche de celui du Sénégal, pourtant beaucoup moins riche en ressources naturelles. L'exploitation des hydrocarbures représente moins de 10 % de la richesse nationale et seulement quelques dizaines de milliers d'emplois. Pourtant leur poids macroéconomique reste démesuré. L'or noir représente plus de 90 % des exportations et pèse 8,6 % du PIB, tandis que les recettes fiscales totalisent plus de 76 % de l'ensemble. L'afflux de pétro-dollars a entraîné une hausse artificielle de la monnaie tout en créant d'énormes problèmes de pollution et en pénalisant l'industrie et l'agriculture. Le reste de l'économie s'est trouvé marginalisé.

De plus, le pays est ébranlé par la multiplication des actes de sabotage perpétrés par des groupes rebelles indépendantistes du delta du Niger, au sud, qui ont poussé certaines sociétés pétrolières à évacuer leur personnel et fermer les installations. Ces attaques ont entraîné un ralentissement de la production qui est tombée à moins de 1,3 million de barils par jour début 2017 contre 2,2 millions de barils auparavant, son niveau le plus bas depuis trente ans[3]. La situation s'est améliorée depuis, la production repassant au-dessus de 1,8 million de barils au premier trimestre 2018, mais reste très inférieure à son potentiel[4]. Les

---

1. Vincent Collen, « Le pétrole, une manne et une malédiction pour le Nigeria », *Les Échos*, 18 juin 2018, p. 20.
2. 2 177 USD courants en 2016, en baisse de -30 % par rapport à 2014.
3. Marie de Vergès, « Une bouffée d'oxygène pour le Nigeria, frappé par la crise », *Le Monde*, 2 décembre 2016, p. 3.
4. Vincent Collen, « Le pétrole, une manne et une malédiction pour le Nigeria », art. cit., p. 20.

nouvelles exigences du gouvernement, obligeant les compagnies pétrolières à intégrer une part de « contenu local » dans leurs projets, sont un frein à l'investissement des compagnies internationales. Les investissements dans le secteur pétrolier devraient tout de même atteindre les 50 milliards de dollars d'ici 2025, ce qui placerait le Nigeria en cinquième position mondiale derrière le Brésil, les États-Unis, la Russie et le Mozambique.

Le secteur manufacturier représente à peine 9,3 % du PIB (notamment dans le secteur du ciment où le pays est numéro un en Afrique) et l'agriculture près du quart. Pour un pays en développement, le secteur des services a un poids relativement élevé, 53,6 % du PIB, représenté par les secteurs des télécoms et des services financiers.

La chute des cours du pétrole ne facilite pas la tâche de nombreux pays africains. De plus, cette chute entraîne une baisse de la valeur de leur devise, une remontée des taux d'intérêt et une inflation des produits importés. Les autres secteurs d'activité, où domine l'économie informelle, contribuent marginalement aux exportations et à la collecte fiscale. Le Nigeria est d'autant plus déstabilisé que son pétrole entre en concurrence avec le pétrole de schiste américain, lui aussi pauvre en soufre. La croissance en dollar constant a augmenté de 6,9 % par an entre 2000 et 2017. Mais, en 2016, le pays a enregistré sa première période de récession depuis vingt-cinq ans (-1,5 %), et son premier déficit commercial depuis sept ans[1]. En 2015, la croissance avait déjà marqué le pas avec seulement + 2,7 %. La chute d'activité ainsi que la forte baisse de sa monnaie ont fortement affecté la population. Lagos s'est résolue à laisser filer sa monnaie (baisse de 60 % en quatre ans), engendrant

---

1. Yves Bourdillon, « Au bord du gouffre, le Nigeria change enfin de cap monétaire », *Le Monde*, 1er juin 2016, p. 8.

une inflation explosive de 18 % qui, depuis, a baissé avec la reprise des cours du pétrole. Faute de dollars, des pénuries se sont installées dans le pays, notamment d'essence : un comble pour un pays qui exportait 2,2 millions de barils par jour de pétrole au plus haut de sa production. En 2017, la croissance est légèrement repartie, avec 0,8 %, ce qui reste largement insuffisant pour absorber le boom démographique. La remontée des cours de l'or noir constitue un ballon d'oxygène pour l'économie nigériane, mais reste insuffisante pour effacer tous les dégâts engendrés par la crise de 2014-2016.

L'environnement des affaires reste difficile (le pays se classe au 169e rang du classement Doing Business 2017), et le pays est marqué par une corruption endémique (136e pays sur 175 pour l'indice de perception de la corruption du Transparency International), et un fort déficit d'infrastructures dans les transports et l'énergie.

En dépit des budgets colossaux que possède le Nigeria, le quotidien des citoyens est resté extrêmement précaire, tandis qu'une minorité a la mainmise sur tout. Sans parler du manque de perspectives qui frappe la jeunesse. Les autorités estiment à 53 % la part de la population vivant avec moins de 1,9 dollar par jour. Le Nigeria a même supplanté l'Inde comme le pays abritant le plus grand nombre de personnes extrêmement pauvres.

Le contexte socio-économique et les déséquilibres géographiques internes au pays contribuent à la dégradation du climat sécuritaire dans les zones les plus défavorisées à l'image du conflit armé avec la secte islamique Boko Haram qui, bien que militairement maîtrisée, reste une menace dans le nord-est du pays.

Avec 22 milliardaires et 34 000 millionnaires en dollars, ce pays à fort potentiel reste parmi les pays les plus inégalitaires au monde, classé 152ᵉ sur 187 pays en termes de développement humain (avec un IDH de 0,52 qui, une fois ajusté aux inégalités, tombe à 0,328). Plus de la moitié de la population nigériane vit dans l'extrême pauvreté !

L'Algérie au bord du chaos

L'Algérie, cinquième pays d'Afrique en termes de poids économique, est elle aussi prise dans la nasse de la chute des cours des hydrocarbures, même si le rebond actuel lui donne un peu d'oxygène. Le pays paie aujourd'hui les conséquences des décennies du « tout-pétrole »[1]. La flambée des cours a généré des rentrées d'argent colossales : 1 000 milliards de dollars sous l'ère Abdelaziz Bouteflika, président malade et vieillissant régnant sur un système totalement paralysé, qui n'ont pas été investis dans de nouvelles capacités de production industrielle (l'industrie ne représente que 5 % du PIB contre 9 % en moyenne pour l'ensemble de l'Afrique). Le secteur pétrolier et gazier représentait 95 % du PIB en 2015 (contre 65 % en 1990). Résultat : le pays importe quasiment tout. Entre 2000 et 2017, la croissance en dollar constant du pays a été de 3,8 %. En 2017, la croissance s'est étiolée pour tomber à 1,7 % après la chute du prix des hydrocarbures. Pour 2018, les prévisions de croissance sont encore plus faibles à seulement + 0,8 %. Le pouvoir a mangé son pain blanc. En quinze ans, sa facture d'importation a été multipliée par cinq pour atteindre aujourd'hui 60 milliards de dollars. Le système reste difficile à réformer car, pour cela, le gouvernement devrait s'attaquer aux intérêts puissants de l'armée. Pour mesurer leur importance, il suffit de savoir que le pont entre le port et la ville d'Alger est surnommé

---

1. Charlotte Bozonnet, « En Algérie, la chute des cours fait craindre une situation explosive », *Les Échos*, 19 février 2016, p. 4.

« le pont des généraux » pour les pots-de-vin supposés versés à l'armée par les importateurs. Les exportations d'hydrocarbures ont commencé à baisser en volume, faute d'investissements dans de nouveaux puits, alors que la consommation énergétique interne croît de plus de 5 % par an. Plusieurs réformes de la loi sur les hydrocarbures, adoptées à partir de 2005, ont complexifié la législation et alourdi la fiscalité, faisant fuir les investisseurs étrangers. Le pays pourrait même, à terme, ne plus être exportateur d'hydrocarbures[1]. Le gaz de schiste ne pourra pas prendre le relais au vu des très faibles rentabilités observées dans le Sahara et du manque d'eau pour l'extraire. La zone ne peut compter que sur une nappe phréatique non renouvelable[2]. De plus, l'opposition au gaz non conventionnel a provoqué l'un des plus importants mouvements de contestation de la population. L'inquiétude des habitants porte sur la méthode d'extraction extrêmement polluante. Parallèlement, les énergies non renouvelables sont quasiment inexploitées.

Pour le moment, le pouvoir central exclut de toucher aux transferts sociaux qui sont garants de la paix sociale devenue très fragile. L'or noir génère 70 % des recettes fiscales, 98 % des exportations et le déficit public a frôlé les 14 % du PIB de 2016. En 2017, les recettes provenant des ventes d'hydrocarbures ont été de 31 milliards de dollars, contre plus de 65 milliards de dollars avant la chute des cours.

Le fonds souverain est à sec. En 2020, après la prochaine élection présidentielle de 2019, les réserves de change de l'Algérie chuteront à 76 milliards de dollars, contre 100 milliards de dollars fin 2017 (195 milliards de dollars en 2014), soit moins de

---

1. Charlotte Bozonnet, « En Algérie, la fuite en avant du gaz de schiste », *Le Monde*, 14 octobre 2017, p. 6.
2. Yves Bourdillon, « Un modèle à bout de souffle », *Les Échos*, 6 décembre 2017, p. 9.

dix-huit mois d'importations[1]. Le rebond des prix du pétrole donne un léger répit aux autorités à Alger.

En 2017, le parlement algérien a adopté un texte qui permet d'amender la loi sur la monnaie et le crédit en autorisant la Banque centrale à faire tourner « la planche à billets », espérant ainsi mettre un terme au déficit dramatique des comptes publics. Avec ce tour de passe-passe, l'État pense être à nouveau dans la capacité de payer la totalité des salaires des fonctionnaires et les arriérés de factures. Mais cela risque d'alimenter une hyperinflation aux effets ravageurs qui finira par diminuer le pouvoir d'achat des ménages algériens. Une épidémie de choléra, une maladie d'un autre âge, s'est déclarée dans le pays au cours de l'été 2018 : 59 cas confirmés et deux morts[2]. Cette maladie n'est plus une menace pour les pays respectant des règles minimales d'hygiène. D'où le désarroi de nombreux Algériens, dans un pays où l'on n'avait plus observé cette maladie depuis vingt-deux ans, qui voient dans la crise actuelle la manifestation des dysfonctionnements du pays.

Ce pays de 40 millions d'habitants aux portes de l'Europe est au bord de l'asphyxie. Seules une restructuration profonde, une lutte massive contre la corruption et une diversification économique peuvent le sauver d'une fragmentation sociale. Dans de nombreux pays africains, dont l'Algérie est un triste exemple, l'immobilisme du pouvoir entrave le développement. Et l'appel du FLN à une possible candidature d'Abdelaziz Bouteflika en 2019 pour un cinquième mandat n'a rien de rassurant.

---

1. Jacques Hubert-Rodier, « Algérie : un chaudron social », *El Watan*, *Les Échos*, 13 décembre 2017, p. 9.
2. Charlotte Bozonnet, « En Algérie, le pouvoir discrédité par l'épidémie de choléra », *Le Monde*, 6 septembre 2018, p. 21.

L'Afrique du Sud : un lent déclin

L'Afrique du Sud, historiquement première économie africaine, est tombée au troisième rang en 2016, derrière le Nigeria et l'Égypte. Depuis la réélection de Jacob Zuma en 2014, la devise sud-africaine, le rand, a perdu plus de 50 % de sa valeur par rapport au dollar. De 2000 à 2017, la croissance endogène (PIB en dollar constant) a été de seulement 3 %.

L'économie de l'Afrique du Sud a augmenté à un rythme moyen de 4,2 % par an jusqu'en 2008, date de la crise financière des *subprimes*. Depuis, la croissance n'a eu de cesse de diminuer pour converger dangereusement vers la stagnation (+ 0,3 % en 2016). En 2017, le pays avait renoué avec la croissance (+ 1,3 %) mais, depuis, il est retombé en récession. La croissance sud-africaine a reculé de 0,7 % au deuxième trimestre 2018 après une contraction de 2,8 % au premier trimestre. Les mauvaises performances de l'agriculture liées à la sécheresse sont en partie responsables. Les organismes de notation Fitch et Standard & Poor's ont relégué la dette du pays en catégorie spéculative.

Les prix dérapent et le chômage est au plus haut depuis 2003 à plus de 27 % de la population active. L'industrie, très influencée par le secteur minier, constitue un tiers du PIB et a été impactée par le ralentissement économique chinois. Un quart de la production minière sud-africaine est composé de charbon[1], première source d'énergie de la Chine. Les deux tiers restants du PIB viennent du secteur des services, où les gains de productivité sont faibles. Au total, même si l'industrie *stricto sensu* ne représente qu'un tiers du PIB, elle contribue à la moitié de la croissance économique sud-africaine, et beaucoup

---

1. Statistics South Africa, « Manufacturing : Production and Sales », octobre 2016, p. 19.

plus si on intègre les services directement dépendants de l'industrie et de la production minière. On le voit, la structure de l'économie sud-africaine se rapproche plus de celle des pays riches que de celle des pays en développement, mais sans les avantages qui vont avec.

La sensibilité de l'Afrique du Sud aux ressources naturelles est une force en temps de croissance soutenue, mais présente de gros risques lorsque leurs prix baissent brutalement. Les produits primaires constituent l'essentiel des exportations (50 % du total). Comme le Brésil, l'Afrique du Sud se reprimarise.

Pendant l'apartheid, les Afrikaners, premiers colons d'origine essentiellement néerlandaise, qui représentent encore 60 % des Blancs, occupaient près des trois quarts des postes de la fonction publique. Même sans aucune qualification, ils avaient pratiquement la garantie de l'emploi, qui pouvait parfois consister à veiller sur les Noirs qui faisaient le travail effectif pour une fraction de leur rémunération. Ce type de situation a disparu avec la fin de l'apartheid. Rian Malan, un écrivain afrikaner iconoclaste, y voit une opportunité : « La fin de la facilité a réveillé les gens[1] », dit-il. Les trois quarts des Afrikaners, souvent moins bien instruits que les Anglais, sont aujourd'hui des travailleurs autonomes.

Les Blancs ont perdu du terrain en termes économiques. Leur revenu par personne est toujours plus élevé, mais les Sud-Africains d'origine indienne (moins de 3 % de la population) sont en train de les rattraper rapidement et finiront par les dépasser. Les écarts de richesse restent particulièrement préoccupants avec un indice Gini qui se situe à un haut niveau (0,66). Ces inégalités se sont accentuées au cours des dernières

---

1. South African whites, « Braai, the Beloved Country », *The Economist*, 22 novembre 2013.

années. Les emplois, pour une grande majorité de Noirs, sont la plupart du temps de stricte survie et s'exercent à la limite de la légalité.

La corruption de la classe politique noire atteint des sommets. Elle a largement profité à Jacob Zuma et à son entourage proche. Les critiques ont fusé de toute part, mais les accusateurs sont aussi compromis que l'accusé. Résultat : rien n'a bougé pendant des années et Zuma a continué d'insulter l'État de droit en toute impunité jusqu'à ce qu'il se fasse limoger et que le nouveau leader de l'ANC, Cyril Ramaphosa, prenne sa place en 2018.

La plupart des Blancs, quelques Noirs, et de nombreux Indiens et métis soutiennent l'Alliance démocratique, un parti libéral qui gagne du terrain. Ce parti gouverne la province du Cap occidental et pourrait obtenir un quart ou plus des suffrages à l'élection nationale de 2019. Son ancien leader blanc, Helen Zille, a laissé la place à un successeur noir. Elle essaie d'élargir la base du parti, notamment en adoucissant sa ligne trop libérale.

Certains extrémistes comme Julius Malema, un ancien gros bonnet de l'ANC qui a fondé un parti populiste, appellent à l'accaparement des terres à l'image du Zimbabwe. Conscient de la vulnérabilité de l'ANC sur son flanc gauche en colère, Cyril Ramaphosa, ex-leader des mineurs devenu magnat et nouveau président du pays, a averti que ne pas voter ANC signifie que « les Boers (littéralement "fermiers", ancien nom des Afrikaners) vont revenir pour nous contrôler[1] ». Un comité parlementaire travaille sur un projet d'amendement de la Constitution pour permettre l'expropriation sans compensation des terres agricoles afin d'accélérer leur redistribution

---

1. *Ibid.*

en direction des populations noires[1]. Vingt-quatre ans après l'apartheid, 72 % des terres agricoles sont toujours détenues par les Blancs. Cette annonce a provoqué une contraction de l'investissement et une baisse de la consommation.

Avec une espérance de vie de 61,9 ans, l'Afrique du Sud, peut-être le seul pays développé de la zone subsaharienne, est loin de la moyenne mondiale (71,5 ans)[2]. Le sida a fait des ravages : après un pic à 62,3 ans en 1992, l'espérance de vie s'est effondrée à 51,5 ans en 2005 et n'a toujours pas retrouvé son niveau d'autrefois malgré la trithérapie. Le pays détient le triste record du nombre de personnes vivant avec le VIH : 7 millions, soit 19,2 % de la population[3]. Chez les prostituées et dans les hôpitaux, c'est même une personne sur deux qui est séropositive. Le taux d'homicides est très élevé avec un ratio de 34,3 pour 100 000 habitants (1 pour 100 000 en France).

Pour le nouveau président, Ramaphosa, la tâche est colossale, et les moyens limités à l'approche des élections en 2019. Il a annoncé un plan de relance que le nouveau ministre des Finances, Tito Mboweni, en fonction depuis octobre 2018, doit mettre en place. Il comprend des investissements dans les infrastructures pour un montant de 23 milliards d'euros, et des mesures pour redonner de la compétitivité au pays. Mais le plus grand chantier de Ramaphosa sera de restaurer la confiance auprès des investisseurs et des agences de notation après les errements de son prédécesseur.

---

1. Liza Fabbian, « L'Afrique du Sud en récession », *Les Échos*, 6 septembre 2018, p. 6.
2. World Bank, http://data.worldbank.org/indicator/SP.DYN.LE00. IN
3. Paul Benkimoun, « En Afrique du Sud, les prostituées ont peur du sida », *Le Monde*, 1er décembre 2016.

L'Égypte : Sissi tout-puissant

« À la télévision l'Égypte ressemble à Vienne, mais dans les rues, c'est plutôt la Somalie », s'exclamait un chauffeur de taxi cairote dans une vidéo devenue virale début 2017 sur le Net. Il exprimait ainsi la frustration générale devant, notamment, un doublement du prix du riz et des pénuries de sucre, d'huile, de lait infantile et de médicaments[1]. En dollar courant, l'Égypte est devenue la troisième puissance économique de l'Afrique (235 milliards de dollars en 2017), forte de ses 98 millions d'habitants. En PIB par habitant, la situation est moins glorieuse avec seulement 2 412 dollars en 2017. Entre 2000 et 2017, la croissance moyenne annuelle du PIB a été de 4,4 % (PIB constant en dollars plus représentatif de la croissance endogène du pays). L'accroissement spectaculaire de la population depuis 1960 (+ 255 %) n'a pas facilité la gestion de ce pays aux trois quarts dominé par le désert et dont le bassin du Nil constitue le principal poumon agricole. En décidant, fin 2016, de laisser flotter la livre, la Banque centrale d'Égypte a essayé de résoudre son problème de pénurie de dollars pour régler les importateurs. En défendant la monnaie autour du pivot de 8,50 livres pour 1 dollar en 2016, l'institution a saigné ses réserves en devises. Le taux de change a fini par chuter de 50 % (cours actuel de 17,80 livres pour 1 dollar). La décision de la Banque centrale a entraîné un appauvrissement des ménages égyptiens en produits alimentaires. En revanche, cette dévaluation a permis au secteur exportateur et industriel de gagner en compétitivité. Parallèlement, des coupes drastiques ont été réalisées dans les subventions à l'énergie qui coûtaient une fortune au budget de l'État. Le ministre de l'Électricité, Mohamed Chaker, a annoncé la réduction des subventions à l'électricité avec une

---

1. Yves Bourdillon, « L'Égypte se résout à laisser flotter sa monnaie », *Les Échos*, 4 novembre 2016, p. 7.

hausse des tarifs de 24,8 % en moyenne pour les ménages et de… 41 % pour le secteur industriel en 2018[1]. Ce programme de vérité des prix s'est traduit par une hausse spectaculaire du prix du ticket de métro (multiplication par 3,5 en moyenne selon le parcours). Ce qui a provoqué des manifestations pourtant rares dans le pays depuis la prise du pouvoir par le général Sissi. Ces réformes ont fait suite aux recommandations du FMI après l'attribution d'une aide de 12 milliards de dollars de l'institution. Le gouvernement a instauré la TVA tout en faisant passer des lois sécurisant l'investissement. Le pays commence à récolter les fruits avec une inflation redescendue autour de 11 %. La croissance devrait passer de 4,2 % en 2017 à 5,2 % en 2018. Le déficit de la balance des paiements a été divisé par trois au deuxième trimestre 2017 sur 2016, à 3,4 milliards de dollars, grâce notamment au retour des touristes qui a permis un triplement des recettes du secteur, à 5 milliards de dollars. Mais de nombreuses faiblesses économiques et sociales persistent : le déficit budgétaire reste proche de 10 % du PIB et le service de la dette représente quasiment un tiers des dépenses publiques. Le chômage des jeunes est proche de 40 % dans certaines régions.

Depuis la réélection du président Abdel Fattah Al-Sissi en mars 2018, où il a obtenu un score de 97 %, la voie est dégagée pour un règne sans partage[2]. L'ensemble des partenaires occidentaux se sont empressés de féliciter le nouvel élu en restant totalement muets sur ses exactions et les violations des libertés et des droits de l'homme par son entourage. La campagne militaire lancée en février 2018 pour nettoyer la péninsule du Sinaï de l'insurrection djihadiste confirme, à leurs

---

1. Yves Bourdillon, « Un nouveau gouvernement égyptien réformiste », *Les Échos*, 16 juin 2018, p. 8.
2. Hélène Sallon, « En Égypte, Sissi tout-puissant », *Le Monde*, 6 avril 2018, p. 21.

yeux, sa détermination. Les réformes économiques drastiques introduites en 2016 sont synonymes pour les Occidentaux d'investissements accrus. La France s'est ainsi réjouie d'être devenue le premier fournisseur d'armes de l'Égypte. La tentation est grande au sein du régime de suivre la voie du président chinois, Xi Jinping, qui vient de s'assurer une présidence à vie. La France ménage un pays considéré comme un « élément central de la stabilité régionale. Il y a aujourd'hui un partenariat stratégique étroit entre nos pays […]. Le président égyptien a un défi : la stabilité de son pays, la lutte contre les mouvements terroristes, la lutte contre un fondamentalisme religieux violent », a déclaré Emmanuel Macron à l'issue d'une rencontre à l'Élysée en octobre 2017[1].

PURGE ANTICORRUPTION EN ANGOLA

Depuis l'arrivée au pouvoir de Joao Lourenço en septembre 2017 à la tête de l'Angola, quatrième puissance économique africaine (croissance de 8,5 % en dollar constant entre 2000 et 2017), le nouveau président a mis en œuvre un plan anticorruption drastique[2]. Un tel plan il y a un an était totalement inconcevable. Ce général à la retraite de 64 ans, apparatchik du Mouvement populaire de libération de l'Angola (MPLA), dépèce méthodiquement le système affairiste mis en place par son prédécesseur, José Eduardo dos Santos. Sa fille aînée, Isabel dos Santos, est l'incarnation la plus spectaculaire du détournement massif opéré par l'entourage de l'ancien président. Elle est considérée comme la

---

1. Yves Bourdillon, « Paris fait preuve d'indulgence avec son allié égyptien eu égard au contexte sécuritaire », *Les Échos*, 25 octobre 2017, p. 8.
2. Joan Tilouine, « Purge anticorruption en Angola », *Le Monde*, 10 octobre 2018, p. 23.

femme la plus riche d'Afrique et a été remerciée de la présidence de Sonangol, la société pétrolière d'État. Elle est visée par des enquêtes, notamment pour détournement présumé de fonds.

Une vague d'angoisse a déferlé sur les quartiers huppés de la capitale, où des millions de pétrodollars ont été retrouvés dans les jardins et les coffres de villas de luxe. Et ce ne sont là que des miettes des 30 milliards de dollars qui ont été détournés par la garde rapprochée de l'ancien dirigeant, de ses ministres et des militaires nantis. Depuis un an, la peur a changé de camp et fait le bonheur de la population, et de l'élite africaine. Les dirigeants corrompus n'ont plus qu'à masquer leurs attributs de richesse autrefois étalés en plein jour, à défaut de pouvoir s'enfuir du pays. Sur le tarmac de l'aéroport, les jets privés de personnalités déjà ou bientôt visées par des enquêtes sont cloués au sol. Le destin de deux hommes jusque-là intouchables illustre ce changement. Jean-Claude Bastos de Morais, financier suisso-angolais de 51 ans, a eu l'imprudence de rentrer à Luanda il y a quelques mois. Cet homme d'affaires s'est toujours montré très discret sur l'activité de son groupe d'investissement, Quantum Global. C'est pourtant à travers cette structure établie à Zoug en Suisse que la quasi-intégralité du fonds souverain angolais, alors dirigé par son ami de jeunesse et fils de l'ex-président, José Filomeno dos Santos, 40 ans, était gérée dans la plus grande opacité *via* des sociétés offshore dans l'île Maurice, comme l'ont révélé les « Paradise Papers ». Depuis, le fils de l'ancien président a été mis en examen pour « fraude, détournement de fonds, trafic d'influence, blanchiment d'argent et association criminelle ». Ces deux dandys de la finance sont en détention provisoire dans la prison de Viana.

Cette purge anticorruption est symboliquement la bienvenue car elle envoie un message positif à d'autres pays du continent où la corruption reste endémique et bloque la croissance. Mais il est à craindre que cette lutte soit comme en Chine après la prise de pouvoir de Xi Jinping, le moyen d'élimer le clan adverse. Pour le moment, cette épuration vise uniquement certains responsables du régime précédent. On pourra parler de véritable changement lorsque des hauts responsables du régime actuel seront visés par des enquêtes pour leur gestion des fonds publics. À travers le président Lourenço, le MPLA récupère des portions de pouvoir accaparées par le clan dos Santos, notamment ses enfants, qui avaient tenté une sorte d'OPA sur le pays et le parti[1].

Bien que sélective, cette croisade anticorruption est très populaire, au point d'être saluée et encouragée par le principal parti d'opposition. Ce qui a permis au nouveau président d'asseoir sa légitimité et son autorité, en se faisant élire en septembre à la tête du MPLA, présidé depuis trente-neuf ans par José Eduardo dos Santos. Le chef de l'État a pu remanier à sa guise le bureau politique en écartant les fidèles de l'ancien régime. Joao Lourenço dispose désormais des pleins pouvoirs et reste seul responsable du destin de cette puissance régionale.

Cet exemple illustre parfaitement la problématique de nombreux pays africains gangrenés par une corruption systématique et organisée, et marqués par des écarts de richesse gigantesques. Les responsables politiques accaparent l'essentiel de la richesse au détriment de l'immense majorité, bloquant la croissance du continent. Est-il nécessaire de rappeler que l'IDH (indice de développement humain) de l'Angola est parmi les plus faibles du monde (0,53) ? 55,5 % de la population urbaine vit dans des bidonvilles. Seulement 41 % de la population a accès à l'eau. La mortalité infantile avant 5 ans est

---

1. *Ibid.*

extrêmement élevée à 82,5 enfants pour 1 000. L'espérance de vie n'est que de 61,2 ans et le taux d'homicides se situe à un haut niveau, à 9,6 personnes pour 100 000 habitants. Rien d'étonnant à constater que le taux de fertilité reste à 5,8, largement au-dessus de la moyenne du continent, entraînant une croissance de la population vertigineuse à plus de 3,2 % par an depuis 1990. En deçà de ce chiffre, la richesse par habitant régresse. Le niveau de corruption atteint un tel degré que la possibilité de faire du business est extrêmement difficile et se reflète dans le classement international Doing Business qui place l'Angola en queue de liste (182e), en bonne compagnie avec la Libye, la République démocratique du Congo, la Centrafrique et l'Érythrée. Le pays est l'illustration même de la malédiction des matières premières qui touche de nombreux pays du continent. La lutte contre la corruption doit s'accompagner d'une plus grande ouverture, d'une libération de la presse et des réseaux sociaux. L'assainissement de la vie politique et du climat des affaires est une nécessité pour regagner la confiance des investisseurs, mais aussi du FMI et de la Banque mondiale en Afrique. C'est un pari que fait le nouveau président, Joao Lourenço en Angola, en promettant un « miracle économique ». Le MPLA fait sa mue pour mieux conserver le contrôle du pays, au cœur d'une région d'Afrique où la mauvaise gouvernance domine.

UNE CROISSANCE BLOQUÉE, EMPÊCHÉE

Pour comprendre comment la croissance s'est construite en Afrique et dans les autres grands pays émergents, nous avons pris comme référence la période 2001-2007, qui correspond à l'hypercycle des matières premières et à l'envolée du prix du pétrole initiés par la Chine avec son entrée dans l'OMC en 2001 (avant le ralentissement qui a suivi la crise systémique des *subprimes*)[1]. En dollars courants, le PIB américain a crû de 36 % sur la période[2]. Au Brésil, le PIB a bondi de 150 %, de 165 % en Chine, de 324 % en Russie et de 151 % en Inde[3] ! Ces taux de croissance ont de quoi impressionner, surtout face aux 36 % réalisés par les États-Unis. Que cachent en réalité ces chiffres époustouflants ? Pour le Brésil, seuls 25 % de la croissance du PIB nominal sont attribuables à la production endogène de biens et services (corrigée de l'inflation). Les 125 % restants sont dus à un effet (cumulatif) devise de 21 % sur les prix en dollars et de 65 % d'inflation. Les prix en monnaie locale ont augmenté beaucoup plus vite que les prix aux États-Unis, entraînant une appréciation impressionnante du taux de change de la monnaie brésilienne face au dollar. L'essentiel de l'augmentation des prix est donc dû à la hausse des matières premières que le Brésil exporte en grande quantité, alimenté par la demande chinoise. L'hypercycle des matières premières a eu pour conséquence d'entraîner un gain de 6,3 % des termes de l'échange du Brésil[4]. Une augmentation de l'indice des termes de l'échange signifie que le pays vend plus cher ses exportations que le prix de ses importations.

Au bout du compte, les mêmes volumes d'exportation ont rapporté davantage de dollars. Nous avons là, pour l'essentiel, l'explication de la hausse vertigineuse du PIB brésilien nominal exprimé en dollars.

---

1. L'hypercycle correspond à un mouvement profond et durable de hausse du prix des matières premières.
2. PIB qui intègre la hausse en volume, l'inflation et l'évolution du taux de change contre dollar.
3. Si l'on élargit notre analyse au-delà des BRIC, l'augmentation la plus forte se situe au Kazakhstan avec 500 %. Loin derrière, on trouve 200 % de croissance pour l'Indonésie, le Nigeria, l'Éthiopie, le Rwanda, l'Ukraine, le Chili, la Colombie, la Roumanie et le Vietnam.
4. Les termes de l'échange désignent le pouvoir d'achat de biens et services importés qu'un pays détient grâce à ses exportations.

La Russie, important producteur et exportateur de pétrole, a connu exactement le même parcours mais encore plus accentué. La croissance réelle de la production de biens et services compte pour seulement 50 % de la croissance du PIB nominal exprimé en dollars, le reste est attribuable à la hausse du prix du pétrole, qui a largement contribué à l'amélioration des termes de l'échange à hauteur de 125 %, ainsi qu'à l'appréciation réelle du rouble par rapport au dollar, à hauteur de 14 %. Les termes de l'échange explosent avec + 71,4 %. Il en va de même pour la majorité des autres pays émergents, notamment les pays africains, surtout exportateurs de matières premières.

De 2001 à 2007, le Nigeria, première puissance économique africaine, dont l'économie est entièrement dépendante du pétrole, a vu son PIB courant en dollars progresser de 277 % pour une croissance endogène de 83 %, alors que l'inflation et le taux de change contribuèrent à 133 % et -11,6 % respectivement. Ses termes de l'échange ont progressé de manière spectaculaire de 138,7 %. L'Afrique du Sud, à l'économie diversifiée, qui exporte notamment des minerais et du charbon vers la Chine, a vu son PIB progresser de 146 % pour une croissance endogène très faible de seulement 31 %, alors que l'inflation et le taux de change contribuèrent à 54 % et 22 % respectivement. Ses termes de l'échange ont progressé de 13,5 %. En Angola, un exportateur d'énergie pur jus, les termes de l'échange ont explosé de + 208 % ! La croissance endogène n'a contribué « qu'à hauteur » de + 90 %, alors que le PIB en dollars courants a explosé de 576 %, résultante d'une inflation explosive à 1 137 % et d'une baisse forte de la monnaie de -71,2 %. Même chose pour la Guinée équatoriale, petit « émirat pétrolier » africain : son PIB courant a connu une hausse stratosphérique de 795 %, alors que sa croissance endogène n'était « que » de + 172 %. À l'inverse, l'Égypte, deuxième puissance africaine et faiblement exportateur de matières premières, a vu son PIB progresser de seulement 34 % pour une croissance endogène médiocre de 31 %, alors que l'inflation et le taux de change contribuèrent à 58 % et -29,5 % respectivement, ses termes de l'échange progressant de 36,8 %. La croissance égyptienne a été d'une médiocre qualité. L'Algérie, quatrième puissance africaine, a connu un parcours tout aussi médiocre avec une croissance endogène de seulement 31 % pour une croissance en dollars courants de 147 %. La monnaie a contribué positivement à 11,4 % car en partie indexée sur l'euro qui s'est valorisé sur la période[1].

Pour la Chine, en revanche, il en va tout autrement[2]. La croissance endogène[3] chinoise a été plus de trois fois supérieure à celle du Brésil et deux fois supérieure à celle de la Russie avec 90 %, mais ses termes de l'échange se sont en fait détériorés de -4 %, à l'inverse des autres émergents, car les prix de ses exportations de produits manufacturés, qui ont inondé le monde, sont devenus de moins en moins chers, tandis que les prix de ses importations de produits de base ont fortement augmenté[4]. La Chine est quasiment le seul pays émergent dont la croissance endogène a réellement contribué à la croissance réelle du pays[5]. En simplifiant, la croissance chinoise a été tirée par une

---

1. Voir en annexe 2 le détail des chiffres relatifs aux différents pays africains.
2. Données de la Banque mondiale.
3. Croissance endogène : croissance économique auto-entretenue.
4. Jean-Luc Buchalet, *Le Capitalisme et les 7 péchés capitaux*, *op. cit.*, p. 132.
5. Si l'on élargit notre analyse au-delà des BRIC, on s'aperçoit qu'en moyenne la part de la croissance réelle dans la croissance nominale exprimée en dollars a été de l'ordre de 24 %, proche de celle des États-Unis. La majorité des émergents ont donc connu un cycle de croissance tiré par l'appréciation du prix des matières premières, entraînant une hausse relative des prix des exportations par rapport

politique de l'offre (donc de l'investissement) efficace, alors que, pour la plupart des autres émergents, l'activité a été tirée par une très forte croissance de la demande intérieure, par la hausse des prix des matières premières et l'évolution favorable du taux de change.

Avec le ralentissement chinois, le retournement du prix des matières premières pendant la période suivante (2008-2016) a fortement impacté l'ensemble des émergents. Les pays qui avaient profité du levier cours des matières/taux de change favorable dans la première phase ont perdu beaucoup de terrain. Alors que la Chine croissait de 215 %, le monde ralentissait à 31 %. Le Brésil restait proche de la moyenne mondiale (29 %), tandis que le PIB de la Russie stagnait à -1 % en neuf ans ! En Afrique, la croissance des pays exportateurs de matières premières a fortement ralenti. Leur croissance endogène a faibli et a été compensée par une explosion de l'inflation et de fortes dévaluations. Ce sont dorénavant les pays en transition, voire en prétransition, qui tirent leur épingle du jeu. On peut miser sur eux pour l'avenir dans la mesure où l'hypercycle des matières premières est terminé. Le PIB courant de l'Éthiopie a augmenté de 267 % de 2008 à 2016, celui du Liberia de 187 %. On a constaté des croissances de l'ordre de 120 % au Rwanda, en Tanzanie et au Kenya, alors qu'en moyenne les pays africains liés aux matières premières dégageaient une croissance de 79 %. Les termes de l'échange de ces pays se sont extrêmement dégradés (-55,4 % pour l'Angola, -38,2 % pour le Nigeria) entraînant des problèmes colossaux de déficit budgétaire, alors que les pays en prétransition voyaient les leurs s'améliorer (+ 20,9 % pour l'Éthiopie, + 38,8 % pour le Malawi, + 42 %

---

aux prix des importations à laquelle s'est ajoutée une forte appréciation du taux de change.

au Mali) à l'image de la Chine : amélioration de + 5,8 % de ses termes de l'échange.

Cette démonstration confirme notre scénario d'une croissance à long terme plus faible des émergents et de l'Afrique. Face à la crise qui secoue actuellement les pays émergents et de nombreux pays africains ces derniers mois, nombreux sont les observateurs à considérer le caractère spécifique des pays touchés, au contraire d'une vue plus générale de l'ensemble du monde émergent. S'il est sûr que les risques assortis à chacun de ces pays sont de nature sensiblement différente, notamment en termes de taux de change, l'histoire de leur développement économique les rapproche beaucoup les uns des autres, justifiant de traiter les difficultés actuelles dans leur globalité. En somme, l'histoire du développement harmonieux du monde émergent des décennies passées est difficilement dissociable de celle du processus de mondialisation aujourd'hui largement remis en question par les tendances à la fois économiques et géopolitiques d'un monde qui se referme sur lui-même. Les émergents sont donc profondément affectés par le ralentissement et la fermeture de l'économie chinoise qui a été, depuis son entrée dans l'OMC en 2001, le chef d'orchestre de la mondialisation. Nous assistons dorénavant à un processus inverse de démondialisation accentué notamment par l'intelligence artificielle et la robotique qui devraient favoriser les relocalisations dans les pays occidentaux. Une grande partie des émergents d'Asie ont bâti leur modèle de développement sur leur avantage comparé du coût du travail. La crise actuelle est liée au ralentissement de la demande extérieure, au conflit de compétitivité de ces pays et aux excès de capacité, engendrant un mouvement de déflation. Le groupe des émergents exportateurs de matières premières, comme de nombreux pays africains, a connu son heure de gloire avec la forte hausse des échanges internationaux, durant laquelle la Chine avec sa formidable ascension a représenté un gisement inédit de croissance des besoins en produits de base de toutes sortes dont ils ont tous largement profité. Toutefois, rares sont les pays d'Afrique qui ont su profiter de cette manne pour enrichir leur modèle de croissance et accroître leur productivité. Leur taux d'investissement et le niveau de la productivité sont restés faibles. Leur compte courant s'est dégradé à chaque phase de ralentissement du commerce international. L'inflation y est en moyenne largement supérieure à la moyenne mondiale. En conséquence, ces pays sont plus exposés à des crises de change fréquentes comme cela est le cas aujourd'hui. Les pays émergents, dont l'Afrique, ont connu depuis le début des années 2000 un niveau de croissance exceptionnel comme on l'a vu ci-dessus dans notre analyse de la décomposition des taux de croissance. Les exportations de l'Afrique vers l'empire du Milieu ont connu une croissance de 40 % en moyenne en dollars sur la période. Une fois estompés les vastes plans de relance initiés par la Chine après la crise des *subprimes* de 2008 et celle du yuan de l'été 2015, nous assistons à une rupture dans le développement du commerce mondial qui affecte particulièrement l'Afrique. La remontée des cours du pétrole donne un ballon d'oxygène aux émergents producteurs de matières premières mais elle sera de courte durée. L'endettement accéléré de la Chine et de nombreux émergents, facilité par la politique quantitative des banques centrales, ne facilitera pas la tâche de ces pays du fait de la remontée des taux d'intérêt initiée par la Fed aux États-Unis.

Chapitre 7

Face à une économie non diversifiée

La plupart des gouvernements africains éprouvent des difficultés à diversifier leurs économies, engourdies par la manne financière de leurs ressources naturelles. L'industrialisation poussive du continent a amené la part de la production manufacturière à seulement 9 % du PIB. Si l'Afrique veut prendre le chemin de croissance de l'Asie, elle doit donner une plus grande priorité à l'investissement dans l'industrie et dans les infrastructures.

Pour le moment, on assiste, comme en Amérique latine, au phénomène inverse avec une désindustrialisation du continent, incapable de concurrencer les produits asiatiques à bas prix, notamment chinois. Les pays africains producteurs de matières premières sont atteints de la « maladie hollandaise » qui provoque une surévaluation de leur monnaie et une perte de compétitivité. Elle a entraîné une reprimarisation de leurs économies, toujours plus dépendantes du prix des matières premières.

L'abondance de ressources naturelles est une force en période de croissance mais présente de gros risques en cas de baisse brutale de leur prix. L'histoire du Zimbabwe en est un triste exemple. Porté par la hausse des matières premières dans les années 1970, le pays a mené une politique dispendieuse sans investissements productifs. L'économie s'est rapidement grippée durant les années 1980 avec l'effondrement du cours des matières premières, engendrant une crise politique qui s'est soldée par l'accession au pouvoir du dictateur Robert Mugabe. Aujourd'hui, l'activité minière est redevenue forte, mais les bénéfices ne sont toujours pas répartis de manière équitable dans la population. Les mines de diamant sont gérées par les forces de sécurité afin de maintenir en place le parti. En Afrique du Sud, première économie du continent et pays voisin du Zimbabwe, un tel scénario, de plus en plus probable, aurait des incidences catastrophiques. La liste est longue des pays africains trop dépendants du prix des matières premières qui ont phagocyté leur économie tout entière.

Cette dépendance de l'économie africaine aux ressources naturelles est renforcée par le développement des relations commerciales avec l'ensemble des pays en voie de développement et en particulier avec la Chine, en dépit de ses liens historiques avec l'Europe. Depuis 1990, la part de l'Asie dans les échanges africains a doublé pour s'établir à 28 %, à égalité avec l'Europe qui représentait 51 % dans le passé. Le ralentissement de l'empire du Milieu pourrait amplifier le mouvement de décélération de l'économie africaine. Or, la Chine capte à elle seule entre 40 et 50 % de la consommation mondiale des matières premières. Le rebond en cours des prix du pétrole, dû pour l'essentiel aux tensions géopolitiques au Moyen-Orient (mise à l'écart de l'Iran par Donald Trump), devrait inciter les gouvernements africains à engager de profondes réformes de structure pour rendre le continent moins dépendant de cette manne, devenue pour beaucoup de pays du continent une fatalité.

LA DIFFICULTÉ DE FAIRE
DES AFFAIRES EN AFRIQUE

L'indice Ease of Doing Business de la Banque mondiale classe les pays de 1 à 190. Plus cet indice est élevé, plus il est difficile de faire des affaires dans un pays, la moyenne étant à 100. Les premiers pays de ce classement se trouvent dans les régions développées : en 2016, la Nouvelle-Zélande est première, suivie du Danemark et de Singapour. Les grands pays industrialisés se retrouvent dans le premier quart du classement : États-Unis (8e), Royaume-Uni (7e), Allemagne (17e), France (29e). Parmi les BRIC, le pays le mieux placé est la Russie (40e), puis viennent la Chine (78e), le Brésil (123e) et l'Inde (130e).

En médiane, le continent africain arrive 154e, mais 133e si on pondère les notes par le PIB, c'est-à-dire à peu près au même niveau que le sous-continent indien. Ce sont les régions les plus peuplées qui sont les moins bien classées : l'Afrique centrale[1] (179e), l'Afrique de l'Ouest (160e) et l'Afrique de l'Est (135e). Sur les 54 pays africains, 45 sont classés après le rang moyen de 100. Seuls l'île Maurice (49e), le Rwanda (56e), le Maroc (68e), le Botswana (71e), l'Afrique du Sud (74e), la Tunisie (77e), le Kenya (92e) et les Seychelles (93e) sont au-dessus de la moyenne mondiale. Pas un seul pays d'Afrique subsaharienne francophone n'est bien classé. Les pays les plus mal classés sont la Somalie (190e : dernière du classement), l'Érythrée (189e) et la Libye (188e). On compte aussi, en bas du classement, des pays au PIB non négligeable : la République démocratique du Congo (184e) avec

---

1. Afrique centrale : Angola, Cameroun, Congo, République démocratique du Congo, République du Gabon, Guinée équatoriale, République centrafricaine, Sao Tomé-et-Principe, Tchad.

37,2 milliards de dollars de PIB 2017, l'Angola (182e) avec 124,2 milliards de dollars de PIB 2017, et même le Nigeria, classé 169e, qui est la première économie d'Afrique (en 2017) avec 375 milliards de dollars.

Le passage à l'émergence est défini comme une diversification et une industrialisation de l'économie. Mais, en Afrique, l'investissement étranger reste prédominant dans le secteur primaire (exploitation des ressources naturelles), comme on vient de le souligner. De fait, le secteur manufacturier contribue toujours faiblement à la croissance[1]. Le continent africain dans sa globalité ne s'est pas inséré dans la mondialisation industrielle, contrairement à l'Éthiopie avec le textile, par exemple, et ne commerce que faiblement en interne : 20 % des échanges sont intracontinentaux, contre 66 % en Europe. Pour attirer les capitaux dans l'industrie, il faudrait améliorer le climat des affaires. Le continent a gagné en moyenne deux places entre 2015 et 2016 au classement Doing Business de la Banque mondiale. Mais il n'en reste pas moins au 133e rang sur 190. Les réformes engagées, notamment l'allégement des démarches de création d'entreprises, ne s'attaquent pas aux vrais problèmes : une corruption endémique et un respect de la règle de droit à géométrie variable. Des chantiers très délicats dans un continent où la stabilité politique demeure fragile.

L'Afrique est le continent le moins industrialisé de la planète avec un poids du secteur manufacturier de seulement 9 % du PIB, contre 27 % pour la moyenne mondiale. Faute d'accès à l'électricité et aux infrastructures, et en raison des importations massives de produits bon marché d'Asie, l'industrie africaine s'est effondrée. L'Afrique subsaharienne est la seule région au monde à avoir vu la densité de son réseau routier

---

1. Marie de Vergès, « Le pari ambitieux de l'émergence en Côte d'Ivoire », *Le Monde*, 27 mars 2017.

baisser en vingt ans[1]. Résultat : les coûts de transport restent trop élevés et freinent le commerce intrarégional.

Chaque année, l'industrie africaine produit pour 500 milliards de dollars ; 70 % de ces produits sont consommés en Afrique, 10 % sont exportés à travers le continent et 20 % sont destinés aux autres marchés[2]… « Selon les tendances actuelles, la production devrait atteindre 643 milliards de dollars en 2025. Mais 297 milliards de dollars pourraient être générés en plus si les pays africains prennent des décisions concrètes pour améliorer l'environnement des industriels », indique le rapport de McKinsey de 2016[3], soit 930 milliards en 2025. De quoi créer entre 4 et 9 millions d'emplois stables, ce qui reste insuffisant pour faire face à la vague de jeunes qui va déferler sur le marché du travail.

Deux pays sont notamment cités en exemple : l'Éthiopie et le Maroc. Le premier a construit 66 000 km de routes et vu sa valeur de production augmenter de près de 10 % par an depuis 2004. Le second a misé sur l'industrie automobile qui a généré 5 milliards de dollars de revenus en 2015, contre 400 millions de dollars onze ans plus tôt, et a permis la création de 67 000 emplois.

Selon les projections de McKinsey, les foyers africains vont augmenter leurs dépenses, qui devraient atteindre 2,1 trillions de dollars en 2025[4]. La première source de dépenses reste cependant la nourriture et la boisson, qui représentent un tiers

---

1. Michel de Grandi, « La croissance repart en Afrique », *Les Échos*, 27 mars 2018, p. 6.
2. Joan Tilouine, « Économie : où en sont les "lions" d'Afrique ? », *Le Monde*, 20 septembre 2016.
3. McKinsey Global Institute, « Lions on the Move 2 : Realizing the Potential of Africa's Economies », septembre 2016.
4. Joan Tilouine, « Économie : où en sont les "lions" d'Afrique ? », art. cit.

du budget des ménages. Les dépenses de logement, de santé et d'éducation mobilisent encore 24 % de leur budget. La consommation de biens comme les vêtements, les moyens de déplacement, compte à hauteur de 15 %. 10 % du budget sont consacrés aux télécommunications et 10 % aux loisirs. Autant de secteurs où la demande devrait fortement augmenter.

En ce qui concerne la fiscalité, les résultats des analyses de McKinsey sont sans appel : optimiser le prélèvement des impôts pourrait permettre de doubler les revenus des États. Pour le moment, les recettes fiscales collectées sur le continent oscillent entre 295 et 320 milliards de dollars, en hausse de 10,5 % ces dix dernières années. Avec seulement dix pays qui contribuent à 80 % des revenus fiscaux. Il est vital pour l'Afrique de financer le développement sans dépendre entièrement de l'aide externe. Il y a encore de grandes marges de progression en matière de prélèvement des impôts sans augmenter la taxation, ni même s'attaquer au secteur informel. Cette source de revenus disponibles *via* l'impôt dépend principalement d'une modernisation des administrations qui ne disposent que de très peu de données et d'outils de contrôle informatisés. « Nous estimons que les gouvernements pourraient améliorer le prélèvement d'impôts de 50 à 100 milliards de dollars chaque année en adoptant des mesures simples pour réformer leur système », analyse le rapport McKinsey[1]. Sachant que 80 % des emplois sont dans le secteur informel, il n'est pas aisé de fiscaliser ces revenus.

---

1. McKinsey Global Institute, « Lions on the Move 2 : Realizing the Potential of Africa's Economies », art. cit.

LE MIRAGE D'UNE CLASSE MOYENNE

L'émergence d'une classe moyenne pourrait doper la croissance du continent. Le débat sur la taille de cette nouvelle classe moyenne est à l'origine de nombreuses controverses. Le concept s'est emparé de l'imaginaire des investisseurs avec la reprise de la croissance africaine au cours des années 2000[1]. De nombreuses statistiques ont commencé à circuler, promesses de développements attrayants. La Banque africaine de développement a alimenté la croyance en ce nouvel eldorado avec un rapport très médiatisé, publié en 2011, évaluant la classe moyenne à 350 millions d'individus. Pour parvenir à ce chiffre impressionnant, l'institution a utilisé des bornes extrêmement larges constituées des personnes gagnant plus de deux dollars par jour, sachant que le seuil de pauvreté est estimé par la Banque mondiale à 1,9 dollar. En retenant une fourchette, moins large et plus réaliste, comprise entre 4 et 20 dollars de revenu par jour, on tombe à 135 millions de personnes, soit 14 % des Africains. Avec le ralentissement économique dû à la chute des matières premières, la magie s'est un peu estompée. « C'est un concept mobilisateur, car il traduit une idée de modernité et de pouvoir d'achat, mais, en fait, cela n'existe pas en tant que tel en Afrique [...]. Il y a de nouveaux marchés de sortie de pauvreté, mais dont les individus peuvent encore connaître des déclassements rapides », tranche Dominique Darbon, chercheur au laboratoire Les Afriques dans le monde, à Sciences Po Bordeaux[2].

Les données de la société d'investissement Exotix Capital datant de janvier 2018 ont démontré que les chiffres estimés

---

1. Marie de Vergès, « Cinquante nuances d'Afrique », *Le Monde*, 10 avril 2018, p. 6.
2. *Ibid.*

de la classe moyenne étaient encore largement trop optimistes. Les profits exprimés en dollars d'une trentaine d'entreprises africaines dans les biens de consommation se sont effondrés de 40 % entre 2013 et 2017. La chute a été exacerbée par les dévaluations monétaires. En monnaie locale, la chute de 16 % reste malgré tout importante. L'histoire de la constitution d'une large classe moyenne est reportée à plus tard mais devrait devenir un marché de consommation croissant que les multinationales cherchent à capter. Les investisseurs se sont emballés, notamment en observant la forte expansion des pays pétroliers durant la période où les prix du pétrole étaient historiquement élevés. L'Agence française de développement (AFD), qui connaît bien le terrain, a mis en doute la constitution d'un système de distribution moderne, fait de supérettes et de supermarchés[1]. En 2015, le Crédit Suisse, sur la base du patrimoine, concluait que la classe moyenne ne représentait plus que 2 % de la population du continent, soit 18,8 millions de personnes ! Pour le moment, on ne constate toujours pas l'effet de masse associé aux classes moyennes. La dynamique est ralentie par quatre facteurs : une faiblesse du secteur manufacturier, gros pourvoyeur d'emplois stables et relativement bien payés ; un niveau d'inégalité très important avec des revenus captés en grande partie par les plus riches ; un taux de chômage particulièrement élevé ; et une démographie galopante. 80 % des emplois créés en Afrique subsaharienne sont informels et les personnes qui les occupent ont beaucoup de mal à s'insérer dans le tissu économique.

Les situations sont très diverses d'un pays à l'autre et à l'intérieur d'un même pays. Les zones rurales sont largement désavantagées par rapport aux capitales[2]. De nombreuses

---

1. *Ibid.*
2. Les grandes capitales concentrent l'essentiel des classes moyennes (entre 4 et 20 dollars par jour) comme Abidjan en Côte d'Ivoire

personnes sont installées dans un « entre-deux », ni riches ni pauvres, mais dont l'avenir économique reste encore incertain avec un risque de déclassement élevé[1]. Ces personnes ont de fortes ambitions sociales et consacrent des sommes importantes aux frais de scolarité de leurs enfants. Bien que la mobilité sociale en termes de niveau d'éducation et de santé se soit améliorée d'une génération à l'autre, les perspectives d'ascension sociale restent faibles pour les générations futures, ce qui perpétue les inégalités et entrave la constitution d'une classe moyenne stable.

Les pays d'Afrique du Nord sont les plus favorisés avec un taux de classe moyenne supérieur à 20 % (Maroc, Tunisie, Algérie et Égypte). En Afrique subsaharienne, seuls deux pays ont un taux supérieur à 20 % (la République du Congo, ex-Congo-Brazzaville, et le Botswana). L'Afrique du Sud arrive derrière avec un taux compris entre 15 et 20 %, comme la Côte d'Ivoire, le Ghana, le Cameroun et le Kenya.

Le rapport sur la pauvreté en Afrique, publié en 2015 par la Banque mondiale, souligne que le continent compte davantage de personnes dans une situation de pauvreté extrême du fait de la croissance démographique galopante (soit moins de 1,9 dollar par jour)[2]. Il estime qu'en 2012, 388 millions de personnes, soit 43 % de la population d'Afrique subsaharienne,

---

avec une part de 56 %, Accra au Ghana avec une part de 56 %, Lagos au Nigeria avec une part de 67 %, Luanda en Angola avec une part de 56 %, Addis-Abeba en Éthiopie avec une part de 59 %, Nairobi au Kenya avec une part de 49 % ou Dar es-Salaam en Tanzanie avec une part de 69 %.

1. Sophie Motte, « Il n'y a pas, aujourd'hui, une unique classe moyenne africaine », *Le Monde*, 10 avril 2018, p. 6.
2. Rapport de la Banque mondiale, « Toujours plus de personnes pauvres en Afrique malgré les progrès réalisés en matière d'éducation et de santé », 16 octobre 2015.

vivaient dans une grande pauvreté. Les chiffres publiés en 2015-2016 évaluaient à 41 % le nombre de personnes vivant dans une situation de grande pauvreté en Afrique subsaharienne, alors qu'on en recensait 56 % en 1990. Le pourcentage relatif d'Africains qui vivent dans la pauvreté diminue légèrement mais leur nombre absolu augmente du fait de l'accroissement démographique. Les conflits et la violence aggravent ces inégalités. Ils sont les principales causes du ralentissement de la croissance économique et compromettent souvent les progrès réalisés en matière de développement. Bien qu'il y ait moins de guerres civiles et de conflits majeurs, la criminalité, le trafic de drogue et le terrorisme prennent de plus en plus d'ampleur.

La zone du Sahel reste à l'écart de ces mutations sociales et de la constitution d'une classe moyenne (Mauritanie, Mali, Niger...). Il en va de même des grandes zones d'Afrique de la forêt (République démocratique du Congo, Centrafrique, République du Congo...)[1]. Les économies moins dépendantes du prix des matières premières et plus diversifiées comme le Sénégal ou le Kenya connaissent des croissances impressionnantes. Parmi ces pays, la Côte d'Ivoire est considérée comme l'un des pays les plus dynamiques de l'Afrique de l'Ouest avec un taux de croissance autour de 8 % (8,5 % en 2016 et 7,8 % en 2017), grâce à une agriculture mieux diversifiée (cacao, mais aussi café, hévéa, noix de cajou...), et une politique intelligente de grands travaux et d'un essor de l'investissement[2]. Ponts, routes, centres commerciaux sortent de terre à un rythme effréné. Le pays s'enorgueillit d'avoir gagné 35 places entre 2013 et 2016 au classement Doing Business de la Banque mondiale. Mais il n'en reste pas moins au 142e rang sur 189.

---

1. Sophie Motte, « Il n'y a pas, aujourd'hui, une unique classe moyenne africaine », art. cit.
2. Marie de Vergès, « Le pari ambitieux de l'émergence en Côte d'Ivoire », *Le Monde*, 28 mars 2017, p. 3.

Malgré cette forte croissance, le pays n'arrive pas à sortir d'une pauvreté endémique. Celle-ci a bien régressé de 5 % depuis 2011, mais reste toujours à un niveau très élevé (46 % de la population) et surtout très dégradé par rapport aux années 1980 (10 % en 1985). La croissance n'est pas assez inclusive et ne permet pas de créer suffisamment d'emplois.

Même dans le segment de la population la plus riche d'Afrique subsaharienne (6 % du total avec un revenu supérieur à 20 dollars par jour), les choses ne sont pas simples. « Une fois que les membres de cette classe ont satisfait leurs besoins essentiels, leurs revenus discrétionnaires sont limités. Il faut être capable de concevoir des offres accessibles en prix », assure Richard Bielle, P.-D.G. de CFAO[1]. Les Chinois ont su proposer des produits « low cost » bien adaptés à la population africaine. Nestlé dans le *Financial Times* a fait part de ses désillusions : « Nous avions pensé que l'Afrique serait la prochaine Asie. »[2] À tort.

---

1. Marie de Vergès, « Cinquante nuances d'Afrique », art. cit.
2. *Ibid.*, p. 7.

Chapitre 8

Sécheresse, incendies, inondations et ouragans à tout-va

La planète subit désormais une alternance de sécheresse et d'inondations où l'eau de pluie n'est même plus absorbée du fait du déboisement et de la dégradation des surfaces herbacées. Des régions entières sont ravagées par des ouragans. Des récoltes détruites par la sécheresse. La terre se fissure, se durcit et devient impropre à toute culture… Nous finissons par nous habituer à ces terribles images véhiculées par les médias, tant elles semblent devenues fréquentes. Toutes ces catastrophes annoncées montrent qu'il y a urgence à agir.

Plus d'un quart de la population mondiale vit déjà dans des zones soumises à des pénuries d'eau[1]. En 2050, la moitié de l'humanité pourrait pâtir de l'extension des zones arides, soit environ 5 milliards d'individus. La consommation d'eau s'accélère et la ressource peine à se reconstituer. Les besoins mondiaux, estimés à 4 600 km^3 par an en 2010, devraient se situer entre 5 500 et 6 000 km^3 d'ici 2050. Les progressions les plus fortes de la demande se situent en Afrique où la consommation pourrait plus que tripler.

---

1. Joël Cossardeaux, « La planète s'assèche à grande vitesse », *Les Échos*, 19 mars 2018, p. 8.

L'Afrique est en train de s'assécher

Le climat actuel de l'Afrique présente déjà de graves risques pour les habitants et l'économie du continent, et le réchauffement climatique promet d'intensifier le problème. Au cours des quinze dernières années, la population de l'Afrique a explosé de + 45 % (+ 20 % dans le monde), soit 372 millions d'habitants en plus. Pendant le même temps, les infrastructures se sont développées et le taux d'accès à un service de base d'eau potable est passé de 51,3 % de la population à 63,4 %. Cette situation accentue la demande, met sous pression les ressources, mais prive toujours un tiers de la population africaine d'eau potable[1]. Le Nigeria, pays le plus peuplé d'Afrique (191 millions d'habitants) et à la plus forte densité de population, sera l'un des pays les plus touchés par le réchauffement climatique ainsi que l'ensemble des pays d'Afrique du Nord comprenant le Maroc, la Tunisie, l'Algérie, la Libye et l'Égypte, et ceux de l'Afrique saharienne avec le Mali, le Tchad, le Niger, l'Érythrée et le Soudan. Il en va de même pour l'Ouganda et le Kenya en Afrique de l'Est, et pour l'ensemble des pays de l'Afrique australe.

Le cas du Mali est assez représentatif de l'ensemble du continent puisqu'il possède une partie aride au nord (Sahara) et une partie plus tropicale au sud. Les scénarios pour l'évolution du climat anticipent d'ici 2030 des variations de température considérables, comprises entre + 0,9 °C et + 1,4 °C, et une diminution des précipitations jusqu'à -10 %. Selon ces scénarios, la perte de production agricole infligée au Mali serait comprise entre -6 et -15 % par an, alors que la croissance de la population est estimée à + 2,7 % par an d'ici 2050. En Tanzanie, pays de plus en plus aride, une étude sur l'impact

---

1. Données de la Banque mondiale.

d'une baisse de 10 % des précipitations a montré que la famine pourrait toucher 60 % de personnes en plus, avec son cortège de maladies infectieuses (choléra, dysenterie, etc.)[1].

Le développement agricole de l'Afrique est lesté par la lutte pour l'accès aux ressources en eau. Le Nil est un bon exemple des graves problèmes qui attendent le continent sur le sujet. Depuis 2006, les pays situés en amont du fleuve ont cédé des concessions d'exploitation agricole sur leur territoire à des investisseurs étrangers, notamment l'Éthiopie (3,6 millions d'hectares) et le Soudan (4,9 millions d'hectares), et, dans une moindre mesure, l'Ouganda (0,9 million d'hectares) et l'Égypte (0,1 million d'hectares). Si l'on ajoute la superficie de ces nouvelles terres (9,5 millions d'hectares) à irriguer, on dépasse la capacité maximale d'irrigation du Nil qui est de 8 millions d'hectares. Or, ces nouvelles concessions agricoles viennent s'ajouter aux 6 millions d'hectares de surfaces déjà irriguées des dix pays du bassin du Nil. Au total, les terres à irriguer sont deux fois plus vastes que la capacité d'irrigation du fleuve[2]. La situation est d'autant plus intenable que les nouveaux exploitants se livrent à des cultures plus gourmandes en eau (en quantité et en fréquence) que les systèmes agricoles déjà en place en aval du fleuve, adaptés à la saison des pluies, et aux cycles de crue et de décrue. Ces chiffres sous-estiment donc certainement le futur déficit en eau.

Paradoxalement, moins d'eau dans le Nil signifie des inondations plus fréquentes. En effet, la diminution du débit a pour conséquence une augmentation du dépôt des alluvions au fond du lit du fleuve, qui se rétrécit. Une quantité d'eau plus faible

---

1. McKinsey, « McKinsey on Africa. A Continent on the Move », art. cit., p. 95.
2. Ruée vers l'or bleu en Afrique, « Quand le Nil se retrouve à sec », *Revue Grain*, juin 2012, p. 5.

est donc suffisante pour provoquer les inondations. Du fait de toutes les interventions en amont du fleuve, le Nil ne déverse plus qu'un mince filet d'eau en Méditerranée. C'est même de l'eau salée qui remonte dans le delta du Nil, mettant en péril la production agricole de l'Égypte.

En 2015 a débuté la construction en Éthiopie d'un nouveau barrage sur le Nil, le plus grand d'Afrique, baptisé « Renaissance », doté d'une capacité électrique de 6 000 mégawatts (soit 3,6 réacteurs nucléaires EPR de 3ᵉ génération d'une puissance de 1 650 mégawatts) et de stockage de 74 milliards de mètres cubes. L'achèvement était initialement prévu pour 2018[1]. Malgré les menaces répétées de l'Égypte qui revendique ses droits historiques sur 87 % du débit du Nil et un droit de veto sur tout projet de construction en amont du fleuve, un premier accord a été conclu au terme d'une longue et difficile négociation. Les détails de l'accord sont restés secrets. La variable d'ajustement a été une fois encore l'environnement : les mesures d'impact environnemental et hydraulique ne sont pas contraignantes pour la poursuite du projet. Le Soudan et l'Égypte, désormais partenaires, pourraient en profiter, grâce à l'accès à une électricité à bas prix provenant du barrage, très utile en cette période de pénurie énergétique.

À plus petite échelle, le fleuve Niger au Mali connaît la même histoire. Du fait des activités d'irrigation, des barrages et de la pollution, le volume du Niger a diminué de 30 % en trente ans. Le changement climatique devrait lui faire perdre un autre tiers de son débit dans les décennies à venir. Aujourd'hui, la capacité d'irrigation de ce fleuve malien est de 250 000 hectares et pourrait être réduite de moitié par rapport aux années 1990. Pourtant le gouvernement à Bamako a accepté ces

---

1. Hélène Sallon, « L'Égypte et l'Éthiopie se réconcilient sur le Nil », *Le Monde*, 27 mars 2015, p. 3.

dernières années de céder 470 000 hectares de terres, qui viennent s'ajouter aux 70 000 hectares déjà irrigués. En 2009, il a ajouté une surface supplémentaire de 2 millions d'hectares à la zone d'irrigation autorisée…

Même constat pour le fleuve Sénégal. Déjà, en 1986, René Dumond indiquait que le fleuve, long de 1 750 km, avec un débit annuel historique estimé à 24 milliards de mètres cubes, voyait son débit s'effondrer à seulement 7 milliards de mètres cubes dans le haut bassin à Bakel (ville du Sénégal, non loin de la frontière malienne) du fait de la déforestation de la région en amont du Fouta-Djalon, château d'eau de l'Afrique de l'Ouest. Il notait même quelques jours sans écoulement. La situation s'est encore aggravée depuis.

Les transactions foncières restant le plus souvent secrètes, il est difficile de savoir exactement ce qui est accordé aux entreprises étrangères pour l'exploitation des terres. Grâce aux contrats qui ont été divulgués ou rendus publics, il apparaît clairement que ces accords ne font généralement aucune mention des droits sur l'eau, et laissent aux entreprises la liberté de construire des barrages et des canaux d'irrigation à leur gré, parfois avec une vague référence au « respect des lois et réglementations sur l'eau[1] ». C'est le cas, par exemple, des contrats signés entre le gouvernement éthiopien et Karuturi et Saudi Star dans la région de Gambela. Certains contrats prévoient une faible redevance pour l'utilisation de l'eau mais sans aucune limite sur la quantité prélevée. Seulement dans de rares cas, des restrictions minimales sont imposées pendant la saison sèche, quand l'accès à l'eau est absolument crucial pour la survie des communautés locales. La capacité politique des gouvernements à négocier des conditions pour protéger ces

---

1. Ruée vers l'or bleu en Afrique, « Quand le Nil se retrouve à sec », art. cit., p. 5.

communautés et leur environnement reste faible, du fait des traités internationaux existants sur le commerce et l'investissement qui accordent des droits importants aux investisseurs à ce niveau. Les fautifs viennent de Chine, d'Inde (Karuturi), d'Arabie saoudite (Saudi Star) et d'Europe. Reste à savoir si la totalité des terres louées seront effectivement mises en exploitation et irriguées. La plupart du temps, lorsque les sociétés se retirent, les projets s'écroulent. Parfois les terres sont acquises à des fins purement spéculatives. Les bassins du Nil et du Niger ne sont que le reflet de ce qui se passe sur l'ensemble du continent. Les régions d'Afrique où se concentrent les nouveaux octrois de concessions agricoles sont localisées autour des principales ressources en eau du continent nécessaires à l'agriculture commerciale au détriment de l'agriculture vivrière.

L'EXPORTATION D'« EAU VIRTUELLE » VERS LES PAYS RICHES

L'accaparement des terres agricoles masque la course mondiale de l'accès à l'eau, qui est exportée de manière virtuelle dans les produits agricoles vers d'autres pays. Pour produire un kilo de blé il faut une tonne d'eau, pour la viande il faut cinq à dix fois plus d'eau. L'Europe, qui n'est pas connue pour être un continent aride, est l'un des principaux importateurs mondiaux d'« eau virtuelle » au détriment des pays en voie de développement. Pour le Royaume-Uni, on estime que les deux tiers de l'eau qui subvient aux besoins de la population arrivent incorporés dans les aliments, les vêtements et les biens industriels importés. « C'est pourquoi quand les gens achètent des fleurs du Kenya, du bœuf du Botswana ou des fruits et légumes d'autres régions d'Asie et d'Amérique latine, ils aggravent la sécheresse et compromettent les efforts de ces pays visant à cultiver des aliments pour leurs propres populations[1]. »

Au fur et à mesure des travaux d'aménagement pour l'irrigation des terres commerciales, des populations locales sont privées de leur accès à l'eau ou même déplacées[2]. C'est le cas en Éthiopie où le gouvernement a organisé le déplacement de 1,5 million de personnes entre 2012 et 2013. Mais les impacts vont bien au-delà des communautés locales directement affectées. Il n'y a tout simplement pas assez d'eau dans les rivières et les nappes phréatiques pour irriguer la totalité des terres qui viennent d'être achetées en Afrique. Si ces projets agricoles sont menés à bien en ce début de XXIe siècle, ils vont rapidement y épuiser les ressources en eau. Ces modèles de production ont entraîné d'énormes problèmes de salinisation et d'engorgement des sols partout où ils ont été appliqués (du fait de la remontée des sels minéraux avec l'évapotranspiration associée à une irrigation excessive et un ensoleillement massif).

L'Inde et la Chine, deux « brillants » exemples que l'Afrique est incitée à imiter, traversent maintenant une crise de l'eau qui résulte de leurs pratiques de la Révolution verte des années 1960. Plus de 200 millions de personnes en Inde et 100 millions en Chine sont tributaires d'aliments produits grâce à un prélèvement massif de l'eau. Craignant un épuisement des réserves en eau, ou peut-être de leurs profits, des sociétés de ces deux pays asiatiques regardent maintenant du côté de l'Afrique pour assurer leur future production alimentaire. L'Afrique n'est pas en capacité de supporter cette contrainte supplémentaire. Plus d'un Africain sur trois vit dans un contexte de pénurie d'eau et

---

1. John Vidal, « UK Relies on Virtual Water from Drought-prone Countries, Says Report », *The Guardian*, 17 avril 2010.
2. Ruée vers l'or bleu en Afrique, « Stop à l'accaparement de l'eau », *Revue Grain*, juin 2012, p. 14.

l'approvisionnement alimentaire du continent devrait souffrir plus qu'aucun autre du changement climatique[1].

L'Afrique du Sud est, elle aussi, dans une situation hydrologique tendue : ce pays semi-aride est caractérisé par de faibles précipitations avec des nappes phréatiques aux capacités limitées et une dépendance significative aux transferts d'eau venant des pays voisins (25 % de la fourniture d'eau vient du Lesotho). Elle doit faire face à une demande de plus en plus forte de l'agriculture (47,5 % de la demande), de l'industrie (18,6 %), notamment du fait de l'exploitation minière ou de la production d'énergie avec une population urbaine en plein boom (33,9 % de la demande). L'agriculture sud-africaine (3,7 % du PIB et 13,5 % des emplois) est dépendante à 80 % des précipitations. Un réchauffement du climat aurait un impact dramatique sur la sécurité alimentaire du pays, alors qu'il est aujourd'hui indépendant à 90 %. Au mieux, l'Afrique du Sud aura un déficit d'eau de 18 % en 2030, avec des variations allant jusqu'à 80 % dans certaines provinces du Sud et du Nord. En cas de changement climatique plus marqué, ce déficit pourrait atteindre 25,3 %[2].

Au Maroc, bien représentatif de ce qui attend l'ensemble des pays d'Afrique du Nord, la température a augmenté de près d'un degré en quarante ans. Épisodes de sécheresse plus longs, inondations massives et crues plus fréquentes : le pays présente tous les signes d'une « extrême vulnérabilité au changement climatique », selon le ministère de l'Énergie et de l'Environnement. Et la tendance devrait s'accélérer, avec près de deux degrés supplémentaires d'ici à 2045. Les précipitations annuelles ont diminué de 10 à 20 millimètres par rapport à

---

1. *Ibid.*, p. 14.
2. McKinsey, « McKinsey on Africa. A Continent on the Move », art. cit.

la moyenne des années 1960-1990, soit une réduction de 7 à 14 %. Les trois quarts des pays arabes vivent en dessous du seuil de pénurie, établi à 1 000 m^3 par an par habitant, et près de la moitié se trouvent dans une situation extrême avec moins de 500 m^3. Sans gestion durable, le monde devra faire face à un déficit hydrique global de 40 % d'ici à 2030[1].

---

1. Martine Valo, « Au Maroc, les batailles pour préserver l'or bleu », *Le Monde*, 23 mars 2015, p. 6.

Chapitre 9

Une affaire d'eau, un problème politique

L'accès à l'eau n'a pas toujours grand-chose à voir avec la quantité d'eau disponible dans la nature. La République démocratique du Congo, malgré un des réseaux hydriques les plus importants du monde et une pluviométrie très élevée, dispose d'un taux de raccordements à l'eau potable parmi les plus faibles du continent (28 % pour l'accès à l'eau et 15 % pour l'assainissement en milieu rural)[1]. Des progrès importants ont été faits au cours des quinze dernières années, avant tout en Chine et en Amérique latine, mais peu en Inde et encore moins en Afrique. Le principal facteur limitant dans ce domaine n'est pas technique mais politique. Avec la Banque africaine de développement, l'aide des pays riches et la Banque mondiale, l'Afrique dispose de plus de fonds que de bons projets à financer. La gouvernance et la volonté politique sont les principaux obstacles au développement sur le long terme de cette région. Lorsque le président de la République d'Ouganda a décidé, il y a quinze ans, que l'accès à l'eau serait une priorité absolue, en dix ans le pays a été couvert à plus de 90 % en eau potable.

De nombreuses solutions existent pour économiser l'eau, notamment grâce à l'économie circulaire qui permet la

---

1. Antoine Frérot, « L'entreprise a besoin d'être utile », *Le Monde*, 24 mars 2018, p. 7.

récupération des eaux usées. L'Europe dispose des technologies qui permettraient de résoudre en partie les problèmes hydriques de l'Afrique et la coopération doit être renforcée dans ce domaine.

Au Maroc, la grande priorité est à présent le programme de gestion des eaux usées lancé en 2005. L'objectif est d'approcher un taux d'épuration de 60 % à l'horizon 2020 – contre 13 % en 2004 –, avec 80 % de collecte dans les centres urbains. Selon l'ONU, 2,5 milliards de personnes vivent sans réseau d'assainissement dans le monde. Et, même dans les pays à revenus moyens, les égouts n'aboutissent à aucun centre de traitement dans les trois quarts des cas. Une façon de faciliter l'assainissement qui soulage l'écosystème consiste à encourager la réutilisation de l'eau recyclée à la sortie des usines de traitement. Le Maroc réfléchit à une loi encadrant cette pratique, pour l'heure limitée à quelques terrains de golf de la région de Marrakech. Elle est largement répandue dans certains pays, notamment en Israël, où le taux de recyclage atteint 70 %, mais aussi en Espagne ou en Italie (avec des taux d'environ 40 %)[1].

L'irrigation au compte-gouttes au pied des plantes est très efficace et permet d'économiser de grandes quantités d'eau sans altérer les terres cultivées en évitant les problèmes de salinisation et de formation de cuirasses latéritiques (du fait de la remontée du fer et de l'alumine par l'évapotranspiration des sols qui durcissent, rendant infertiles les terres agricoles).

Les écosystèmes, lorsqu'ils sont bien utilisés, apportent aussi de réelles solutions. Ils sont capables d'absorber l'eau, de la filtrer et de la stocker. Pour le moment, ces solutions fondées sur la nature ne dépassent pas 1 % du total. Impossible de s'en tenir au statu quo et de miser uniquement sur l'industrie (canalisations,

---

1. Pierre Le Hir, « Veolia et la Fnsea veulent irriguer avec des eaux usées », *Le Monde*, 17 octobre 2017.

usines de traitement, infrastructures artificielles…)[1]. Les solutions « vertes » qui passent par le reboisement, la restauration des paysages, la végétalisation des métropoles… sont souvent très efficaces et peu coûteuses. La conservation des sols pour éviter l'érosion est extrêmement importante. Le niveau des précipitations est largement dû à la densité des forêts comme on va le voir ci-dessous. La reforestation génère beaucoup d'humidité : jusqu'à 40 % des précipitations viennent de l'évapotranspiration des feuilles des arbres. Les zones humides sont capables d'éliminer de 20 à 60 % des métaux contenus dans les eaux usées et de retenir 80 à 90 % des sédiments, et de biodégrader une part des pesticides nuisibles à la santé.

DES RESSOURCES FORESTIÈRES FORTEMENT DÉGRADÉES

La gravité du déboisement en Afrique est enfin reconnue. De 2000 à 2015, l'Afrique a perdu 8 % de sa surface forestière[2], soit 530 000 km^2, quasiment la surface d'un pays comme la France. Derrière ce chiffre se cache une grande diversité. L'Afrique du Nord reste très peu boisée (1,5 %), mais connaît un gain de 16 % de son domaine forestier. Par contre, du côté des pays moyennement boisés (20 % du territoire en moyenne en Afrique), les chiffres de la déforestation sont vertigineux : en quinze ans le Zimbabwe a perdu un quart de sa forêt, le Soudan un tiers et le Nigeria comme l'Ouganda près de la moitié !

La forêt amazonienne a été particulièrement bien étudiée. Les conclusions sur ce poumon vert s'appliquent aussi aux zones

---

1. Martine Valo, « La nature pour sauver l'eau », *Le Monde*, 23 mars 2018, p. 21.
2. Données de la Banque mondiale.

tropicales africaines. La forêt représente une gigantesque pompe à eau : un grand arbre peut rejeter dans l'atmosphère plus de 1 000 litres d'eau par jour, et, dans son ensemble, le bassin amazonien émet dans l'atmosphère l'équivalent de 20 milliards de tonnes d'eau par jour, plus que le fleuve Amazone n'en déverse dans l'océan Atlantique. On constate donc une évapotranspiration d'eau intense dans cette région, semblable à ce qu'on observe au-dessus des océans. Les racines des arbres, qui plongent à plus de vingt mètres de profondeur, relient la forêt à un océan d'eau douce sous ses pieds[1].

La différence majeure avec les océans est la pluviométrie qui est beaucoup plus intense au-dessus de la forêt amazonienne et de la forêt du bassin du Congo (deuxième massif forestier tropical au monde de 2 millions de kilomètres carrés et principal poumon de l'Afrique subsaharienne). En effet, non seulement les arbres « nourrissent » la pluie en transpirant de la vapeur, mais aussi les catalyseurs nécessaires à sa formation : ils émettent une multitude de molécules qui s'agrègent en une poussière très fine, nécessaire à la formation des nuages et des précipitations régulières génératrices de vie[2].

---

1. Nicolas Bourcier, « Il faut un effort de guerre pour reboiser l'Amazonie », interview d'Antonio Donato Nobre, *Le Monde*, 26 novembre 2014, p. 7.

2. Une telle adaptation évolutive permettant le contrôle de l'environnement climatique a pu se mettre en place et s'auto-entretenir pendant cinquante mille ans, malgré les cataclysmes, les différents cycles climatiques (réchauffements et périodes glaciaires). Cette capacité à produire un climat favorable à soi-même est due aussi aux flux ascendants de masse d'air qui créent une pression atmosphérique faible propice aux précipitations. Même dans une situation externe défavorable, l'Amazonie comme le bassin du Congo peuvent donc toujours créer des pluies. Il n'y a pas non plus d'ouragan en Amazonie et au-dessus du bassin du Congo : les forêts tropicales sont un pondérateur des phénomènes atmosphériques. Elles pompent l'air des océans et modifient l'atmosphère pour elles-mêmes, mais

L'Afrique, comme l'Amérique du Sud, dispose de grandes ressources qui n'existeraient pas sans cette forêt. Or, le monde est en train de connaître un changement de climat majeur dû à la pollution et aux émissions de CO_2. L'Amazonie, formidable absorbeur de choc, avait mis l'Amérique du Sud à l'abri de tout cela. Aujourd'hui, sa destruction se ressent sur toute sa considérable zone d'influence climatique. Le même phénomène est à l'œuvre autour du bassin forestier du Congo.

L'arrêt net de la déforestation, même s'il avait lieu, ne suffirait plus à endiguer le phénomène de dégradation climatique. Il faudrait aussi reboiser immédiatement tout ce qui a été coupé, pour reconstruire les écosystèmes et redonner vie à ces géants bienfaiteurs aux pieds d'argile. « Pour filer la métaphore, je dirais que nous sommes dans le Titanic et que l'iceberg est déjà en vue. Nous sommes tout près et voguons à grande vitesse[1] », note le scientifique Antonio Donato Nobre. Les exemples de reboisement au nord du Brésil montrent qu'il n'est pas trop tard pour engager un programme massif de reforestation du continent. Des efforts importants ont été réalisés dans certains pays d'Afrique de l'Est et font déjà sentir leurs effets. Le reboisement reste la mesure la plus efficace pour juguler l'avancée du désert.

---

aussi exportent des nutriments et de l'eau avec les vents vers d'autres régions. Plusieurs mois par an, elles déversent cette humidité à travers des « rivières aériennes de vapeur » qui irriguent les continents sur des milliers de kilomètres.

1. Nicolas Bourcier *in* « Il faut un effort de guerre pour reboiser l'Amazonie », art. cit.

Déboisement et exportation de bois précieux vers la Chine

Une grande part (60 %) du bois de rose importé en 2015 par la Chine provient d'Afrique de l'Ouest, pour une valeur estimée à 840 millions de dollars (720 millions d'euros). En 2014, le Nigeria est devenu le premier exportateur africain devant le Bénin. En Afrique, la lutte contre le déboisement est entravée par la corruption et les réseaux criminels, notamment chinois, autour du commerce de bois précieux. Après avoir vidé les stocks de la Gambie, du Sénégal, du Togo, du Bénin, les trafiquants, qui alimentent l'industrie du meuble de luxe en Chine, se sont déplacés au Nigeria, où la ruée vers le bois de rose a pu avancer avec d'autant moins d'obstacles que le pays traverse une grave crise économique depuis la chute des prix du pétrole en 2014. Pour cela, les opérateurs chinois se sont appuyés sur une longue chaîne de corruption et de complicité qu'une enquête de l'Environmental Investigation Agency (EIA) fait remonter jusqu'à l'ancienne ministre de l'Environnement du Nigeria[1].

La destruction des savanes arborées accentue la désertification

La destruction des savanes arborées accélère la désertification et appauvrit les communautés rurales qui dépendent entièrement des ressources naturelles locales pour assurer leur subsistance. Leurs habitants sont obligés d'aller de plus en plus loin pour s'approvisionner en bois de chauffe pour la cuisine. On assiste

---

1. Laurence Caramel, « La Chine pille les bois précieux de la savane africaine », *Le Monde*, 4 novembre 2017, p. 7.

à des surcoupes des arbres qui servent de fourrage aérien à un bétail famélique. Le Sahel déboise pour bâtir les maisons, cuire la nourriture ou se chauffer l'hiver. La productivité des pacages naturels est de plus en plus faible. Les éleveurs en manque de fourrage laissent brouter leur troupeau dès l'apparition des premières pousses entraînant une baisse de la productivité des parcelles de 5 à 10 %. De plus, lorsque les plantes sont rasées, des plaques du sol se dénudent, rendues compactes par l'alternance de pluies battantes et de soleil, et participent à la désertification éparse du Sahel[1]. Les chèvres, broutant les pousses des jeunes arbres spontanés, freinent ou interdisent la régénération naturelle, le remplacement des arbres âgés ou coupés pour le bois[2]. La pose de clôtures capables de résister aux assauts d'un bétail affamé est une des solutions. Certaines espèces comme l'acacia albida sont particulièrement efficaces car elles permettent une fixation de l'azote et la remontée des éléments minéraux du sous-sol, en élevant de 20 % le rendement de la culture du mil voisine[3].

L'ACCÉLÉRATION DE LA DÉGRADATION DES SOLS

L'Afrique est particulièrement vulnérable à la dégradation des terres et à la désertification[4]. Elle est la région la plus gravement affectée au monde. La Convention des Nations unies sur la lutte contre la désertification (UNCCD) estime que la détérioration des terres affecte jusqu'à deux tiers des surfaces

---

1. René Dumont, *Pour l'Afrique, j'accuse*, Plon, 1986, p. 26.
2. *Ibid.*, p. 23.
3. *Ibid.*, p. 24.
4. Ce chapitre a fait de larges emprunts à l'étude suivante : « L'économie de la dégradation des terres en Afrique : les bénéfices de l'action l'emportent sur ses frais », ELD Initiative & UNEP, 2015. Disponible sur www.eld-initiative.org.

de terres productives du continent africain[1]. Au moins 65 % de la population est touchée[2]. La dégradation des terres entraîne la réduction ou la perte des capacités de production organique ou économique. Sur un sol dégradé, un quart de la terre retourne dans l'air avec le vent et les trois quarts restants ruissellent. La destruction de la végétation, que l'on attribue à tort à la seule sécheresse, accroît la désertification et déclenche un cercle vicieux d'auto-intensification[3]. Résultat : les déserts ne cessent de progresser.

Auparavant le système de culture traditionnelle alternait jachère et cultures à dominante de petit mil et de sorgho pour l'alimentation humaine[4]. Pendant cette période de jachère, la végétation naturelle couvrait et protégeait les sols, et nourrissait le bétail. Quand on les enfouissait pendant la période de remise en culture, les débris végétaux apportaient de l'humus. Le phénomène de surpopulation s'ajoutant aux problèmes issus des cultures d'exportation a obligé de réduire, ou même de supprimer, les jachères, entraînant la disparition de l'humus et la baisse de la productivité agricole.

Avec une superficie totale de 2,97 milliards d'hectares, l'Afrique représente 23 % des terres émergées, loin devant la Russie (12,6 %), la Chine (7,2 %), les États-Unis (7,1 %) ou l'Inde (2,3 %). Elle dispose d'une surface agricole de 1,13 milliard d'hectares (38 % de son territoire), dont 235 millions d'hectares en culture temporaire ou abandonnés (20 % des terres agricoles). L'Afrique cultive donc ou met en pâturage de manière permanente 890 millions d'hectares (30 % de son territoire, ce qui est supérieur à la moyenne mondiale de 26,5 %).

---

1. UNCCD, 2013 ; Jones, et al., 2013.
2. Review Report on Drought and Desertification in Africa, ECA, 2007.
3. René Dumont, *Pour l'Afrique, j'accuse, op. cit.*, p. 21.
4. *Ibid.*, p. 27.

Sur les 2,97 milliards d'hectares qui constituent la superficie totale de l'Afrique, 494 millions d'hectares sont dégradés. Dans les zones arides d'Afrique, les gens endurent déjà la pauvreté, l'insécurité alimentaire et des taux de mortalité élevés. Ces difficultés sont exacerbées par la dégradation des terres et la désertification, et causent des migrations et des conflits.

Selon les estimations de la Banque mondiale, l'Afrique représente un dixième de la production agricole mondiale, alors que le continent dispose de près d'un quart des terres arables. Une des solutions serait d'ouvrir l'agriculture familiale à l'innovation afin de la rendre plus productive.

EXPLOSION DÉMOGRAPHIQUE ET RESSOURCES ALIMENTAIRES

Tant que la population demeurait peu nombreuse, la « civilisation pastorale » pouvait la nourrir sans autre travail que les « promenades » de la transhumance, héritage des migrations naturelles des troupeaux sauvages[1]. Le lait et la viande fournissaient en abondance la base de l'alimentation riche en protéines. Mais la densité de population atteinte au Sahel, par exemple, a exigé depuis longtemps sa mise en culture, le travail de son sol, axé sur la production céréalière. La richesse relative des pasteurs par rapport aux agriculteurs leur attirait le respect. Ce n'est plus le cas aujourd'hui avec l'explosion démographique.

D'après les données de la Banque mondiale, la surface des terres arables (liées aux cultures vivrières) a augmenté de 54,6 % de 1961 à 2016. Dans le même temps, la population

─────────

1. *Ibid.*, p. 22.

africaine dans son ensemble a augmenté de 318 % (1,218 milliard d'habitants). Selon ces chiffres, un hectare de terre arable pouvait nourrir 1,9 habitant en 1961 et doit en nourrir 5,2 aujourd'hui, ce qui place l'Afrique dans la moyenne mondiale. Du fait qu'une portion importante des cultures récoltées est exportée, le rapport des personnes à la surface de terre produisant la nourriture est en fait plus élevé. Le problème majeur pour l'Afrique est d'acheminer les produits agricoles de leur lieu de production vers les lieux de consommation : 40 % des récoltes pourrissent sur pied faute d'infrastructures de transport et de stockage suffisantes, alors qu'un cinquième de la population en Afrique subsaharienne souffre de malnutrition.

UNE SOUS-CONSOMMATION D'ENGRAIS

Les études du Programme des Nations unies pour l'environnement (UNEP) avaient estimé que jusqu'à 25 % de la production mondiale de nourriture serait perdue au cours du XXIe siècle en raison de la combinaison des effets de la dégradation des terres, du changement climatique, de la pénurie de l'eau et des insectes envahissants[1]. En Afrique subsaharienne, la production alimentaire par habitant a baissé d'au moins 3 % par an depuis 1990[2]. Le déclin de rendements causé par l'érosion des sols sur le continent varie de 2 à 40 %[3]. Une étude menée en 2004 a estimé la valeur des pertes annuelles du fait de l'érosion des sols en Afrique à 15 millions de dollars[4]. En Afrique subsaharienne,

---

1. UNEP, 2009.
2. Alexandratos & Bruinsma, 2012 ; McKenzie & Williams, 2015.
3. Eswaran, et al., 2001.
4. ELD Initiative & UNEP, « L'économie de la dégradation des terres en Afrique : les bénéfices de l'action l'emportent sur ses frais », art. cit., p. 52.

l'épuisement des sols est responsable d'une perte d'environ 7 % du PIB agricole, soit près de 3,9 milliards de dollars[1].

D'après un rapport de l'UNEP à l'initiative de l'ELD (The Economics of Land Degradation)[2], on pourrait éviter en Afrique la perte d'environ 280 millions de tonnes de cultures céréalières sur environ 105 millions d'hectares de terres grâce à la gestion de l'érosion des sols. La valeur actuelle du coût de l'inaction mesurée en termes de valeur de la perte des cultures céréalières due à l'appauvrissement des sols induit par l'érosion au cours des quinze prochaines années (2016-2030) s'élève à environ 12,3 % du PIB des 42 pays considérés dans l'étude[3]. Le coût de l'investissement dans les pratiques de gestion durable des sols s'élèverait à peine à 1,15 % de leur PIB, et grâce à ces pratiques l'Afrique pourrait générer 8 % de PIB en plus. Le bénéfice de l'action serait donc un gain net de 8 % de PIB sur quinze ans, contre une perte de 12,3 %[4] pour l'inaction. En 2030, l'écart de PIB serait de 20 % entre l'action et l'inaction.

En matière de consommation d'engrais, l'Afrique a cependant de la marge : avec une moyenne de 21 kg/ha, elle est loin

1. Drechsel & Gyiele, 1999.
2. ELD Initiative & UNEP, « L'économie de la dégradation des terres en Afrique : les bénéfices de l'action l'emportent sur ses frais », art. cit. Disponible sur www.eld-initiative.org.
3. L'Angola, le Bénin, le Botswana, le Burkina Faso, le Burundi, le Cameroun, la République centrafricaine, le Tchad, le Congo, la Côte d'Ivoire, Djibouti, la République démocratique du Congo, l'Égypte, l'Érythrée, l'Éthiopie, le Gabon, le Ghana, la Guinée, le Kenya, le Lesotho, le Liberia, Madagascar, le Malawi, le Mali, la Mauritanie, le Maroc, le Mozambique, la Namibie, le Niger, le Nigeria, le Rwanda, le Sénégal, la Sierra Leone, l'Afrique du Sud, le Soudan, le Swaziland, le Togo, la Tunisie, l'Ouganda, la République unie de Tanzanie, la Zambie, le Zimbabwe.
4. Tony Simons, directeur de l'ICRAF, Bruno Meyerfeld, « Alerte érosion : l'Afrique s'effrite et ses terres s'appauvrissent dangereusement », *Le Monde*, 16 novembre 2016.

derrière les standards des économies développées (137 kg/ha aux États-Unis, 160 kg/ha dans l'Union européenne) et très loin derrière la Chine, championne de la pollution à l'engrais avec 565 kg/ha. En Afrique, seule l'Égypte (662 kg/ha) se permet de battre ce triste record. Cependant, l'Afrique rattrape rapidement le reste du monde (137 kg/ha en moyenne) avec une hausse de la consommation d'engrais de 47 % en quinze ans. Alors que les autres régions du monde continuent d'augmenter leur consommation (+ 20 % aux États-Unis, + 63 % en Inde, + 57 % au Brésil), l'Union européenne l'a réduite de -11 % (-30 % en France) de 2002 à 2014. Il est nécessaire d'augmenter la productivité de l'agriculture africaine si le continent veut espérer pouvoir nourrir sa population galopante dans le futur. La valeur ajoutée agricole[1] par unité de surface agricole de l'Afrique est de 30 000 USD/km^2, contre une moyenne de 65 000 USD/km^2 dans le monde[2]. L'Égypte, championne de la surconsommation d'engrais en Afrique, a une valeur ajoutée de 1 012 000 USD/km^2, comparable à celle du Japon (1 027 000 USD/km^2) et bien supérieure à celle de l'Union européenne (122 000 USD/km^2). Faut-il que l'Afrique tout entière lui emboîte le pas au détriment de son environnement ? La valeur ajoutée agricole africaine est aujourd'hui équivalente à celle de l'Inde qui a une surface agricole dix fois inférieure mais une consommation d'engrais huit

---

1. Valeur ajoutée agricole : l'agriculture comprend les divisions 1 à 5 de la CITI et englobe la foresterie, la chasse, la pêche ainsi que les cultures et la production animale. La valeur ajoutée est la production nette d'un secteur après avoir additionné tous les sortants et soustrait tous les entrants intermédiaires. Elle est calculée sans effectuer de déductions pour la dépréciation des biens fabriqués, ou la perte de valeur ou la dégradation des ressources naturelles. L'origine de la valeur ajoutée est déterminée par la révision 3 de la Classification type pour le commerce international (CITI). Les données sont en dollars américains courants.
2. Données de la Banque mondiale.

fois supérieure pour une population équivalente. Rapportée au nombre d'habitants, la valeur ajoutée agricole de l'Afrique (289 000 dollars par habitant) est légèrement supérieure à celle de l'Inde (254 000 dollars par habitant), mais une bonne part de cette valeur ajoutée est exportée.

DES « DÉPLACÉS CLIMATIQUES » TOUJOURS PLUS NOMBREUX

Comment répondre à la pression des « déplacés climatiques » ? L'ONG internationale Oxfam a publié en novembre 2017 son premier rapport sur les déracinés par le changement climatique[1]. Elle estime que 23,5 millions de personnes ont été contraintes de fuir leur terre et leur foyer en 2016 à la suite de catastrophes naturelles. Ces chiffres devront être fortement révisés à la hausse avec la montée des eaux, l'augmentation de fréquence des ouragans et des inondations, l'intensification des périodes de sécheresse et d'incendies. De manière générale, le réchauffement va toucher en premier lieu les pays les plus pauvres. L'Afrique sera particulièrement affectée. Aux individus fuyant la sécheresse en Somalie, les inondations en République démocratique du Congo, entre autres, s'ajoutent ceux qui fuient la misère et la guerre. Le nombre d'événements météorologiques extrêmes a augmenté de 46 % dans le monde depuis 2000. Plus de 1 milliard de personnes pourraient migrer d'ici la fin du siècle du fait du réchauffement climatique. Ces populations très fragilisées attendent un soutien de la communauté internationale pour financer leurs stratégies d'adaptation aux effets du changement climatique. L'Europe doit prendre le leadership de l'aide à l'Afrique, notamment pour éviter un

---

1. Simon Roger, « Le nombre de déplacés climatiques explose », *Le Monde*, 3 novembre 2017, p. 7.

afflux migratoire qu'elle ne sera plus en mesure d'absorber si elle continue sur sa lancée actuelle[1]. Sans une réallocation massive des capitaux privés vers l'agriculture africaine, le continent aura beaucoup de difficultés à transformer son économie vers un modèle plus durable et plus résilient. Les États africains ont de plus en plus de mal à s'adapter au changement climatique et à retrouver leur équilibre en cas de catastrophe environnementale. La restauration des terres peut être rentable et constitue un marché potentiel d'une grande ampleur.

L'équilibre reste précaire et peut très vite basculer. Les difficultés économiques rencontrées au Nigeria, par exemple, ont précipité une partie de la population sur le chemin de l'émigration vers l'Europe en brisant l'équilibre régional. À l'échelle d'un continent qui abritera 2,5 milliards d'habitants en 2050, une augmentation, même infime, de l'émigration posera un défi majeur à l'Europe.

---

1. Maryline Baumard et Arnaud Leparmentier, « Migrations africaines, le défi de demain », *Le Monde*, 16 janvier 2017, p. 22.

Chapitre 10

*La démographie galopante
ne doit pas être une fatalité*

HISTOIRE DE LA POPULATION MONDIALE :
UNE ÉVOLUTION EXPONENTIELLE

Au commencement de l'agriculture, vers 8000 av. J.-C., la population mondiale comptait à peu près 5 millions d'habitants et a évolué très lentement jusqu'à 200 millions au début de l'ère chrétienne[1]. Il aura donc fallu des millénaires pour qu'elle atteigne 1 milliard d'individus en 1800 avant de dépasser allègrement 2 milliards en à peine cent trente ans (1930), puis 3 milliards en moins de trente ans (1959), 4 milliards après quinze autres années (1974), et 5 milliards en seulement treize ans (1987). Cette évolution exponentielle de la population mondiale dans la « dernière seconde de l'humanité » est impressionnante et devrait nous interpeller. Elle est liée notamment aux progrès médicaux (vaccins, antibiotiques, traitements médicaux comme la trithérapie ou la chimiothérapie...) et de l'hygiène publique, à une plus grande prévention des risques, à des systèmes de prise en charge de plus en plus développés, etc. La Terre aura-t-elle la capacité de supporter un mouvement aussi rapide ?

Contrairement aux prévisions passées des démographes, la population planétaire ne sera pas en voie de stabilisation après 2050.

---

1. Toutes nos statistiques sont tirées du remarquable site Internet Worldometers.info.

S'appuyant sur les tendances actuelles de fécondité, de mortalité et de migration, l'ONU retient trois scénarios faisant osciller le nombre d'individus à la fin du siècle entre 6,8 et 16,6 milliards[1]. Si l'on prend comme référence la valeur médiane, considérée par les experts comme la plus plausible, la population mondiale passerait de 7,5 milliards en 2016 à 9,7 milliards en 2050 et à 11,2 milliards en 2100[2]. Soit un écart de 900 millions en plus par rapport aux prévisions d'il y a six ans. C'est la deuxième fois que l'ONU est contrainte de revoir fortement à la hausse ses projections. La surprise est venue du taux de fécondité, plus élevé que prévu, essentiellement dans les pays en développement parmi les plus pauvres. Ce taux de fécondité varie de façon extrême entre 1,7 au plus bas pour la Chine et 7,3 au plus haut au Niger, et une moyenne mondiale de 2,5 en 2017.

Notre planète va donc faire face à une surpopulation rampante et chronique dans les pays les plus pauvres de l'Afrique et d'une partie de l'Asie, alors que le reste du monde va voir sa population vieillir à toute vitesse. La hausse de la population mondiale ne se fera pas sans poser d'énormes problèmes, que ce soit en termes d'accès aux ressources ou de flux migratoires. Le vieillissement accéléré d'une large partie de la population mondiale sera d'une telle ampleur qu'il nous faudra nécessairement réinventer nos modèles économiques et sociaux, fondés sur une pyramide des âges de 1950 dont la structure était fondamentalement plus jeune. Le vieillissement de la population comme la bombe démographique africaine vont transformer notre planète dans toutes ses composantes au cours du XXIe siècle[3].

---

1. Alexandra Geneste, « Onze milliards d'habitants sur la planète en 2100 », *Le Monde*, 26 juillet 2015.
2. Jean-Luc Buchalet, *Le Capitalisme et les 7 péchés capitaux*, *op. cit.*, p. 178.
3. *Ibid.*, p. 176.

Le monde expérimente actuellement la troisième phase de sa transition démographique, entraînant un véritable effondrement du taux de croissance de la population : de + 1,8 % par an en 1950, il est passé à + 1,15 % en 2015, et devrait poursuivre son recul pour atteindre + 0,81 % par an en 2030, puis + 0,54 % par an en 2050.

L'AFRIQUE : LE CONTINENT LE PLUS PEUPLÉ DU MONDE

Avec sa démographie galopante, l'Afrique sera le continent le plus peuplé du monde. D'après les prévisions médianes des Nations unies, sa population dépassera 1,3 milliard en 2018 (17 % de la population mondiale), et devrait doubler d'ici 2050 pour atteindre 2,5 milliards (26 % de la population mondiale), et presque quadrupler en 2100 à 4,5 milliards (40 % de la population mondiale), alors que le reste de la population mondiale progressera de 50 %. À côté d'elle, le géant indien deviendra presque insignifiant (1,5 milliard, en hausse de 15 %) et la Chine connaîtra même une baisse de sa population de -26 % à 1,02 milliard en 2100. Si la France avait connu la même croissance de population que l'Afrique entre 1960 et 2017, elle compterait aujourd'hui 200 millions d'habitants.

Parmi les grands pays développés, les plus dynamiques seront les États-Unis (+ 38 % à 447 millions) et la Grande-Bretagne (+ 23 % à 81 millions). La France aura une évolution intermédiaire (+ 11 % à 74 millions). D'autres populations vont diminuer : l'Allemagne (-14 % à 71 millions), la Russie (-14 % à 124 millions), le Japon (-33 % à 84 millions). L'Europe verra sa population baisser de -3,9 % à 491 millions. Sans l'Afrique, la population mondiale serait quasi stable sur les cent ans à venir : d'ici 2100, 87 % des 3,74 milliards d'individus supplémentaires sur terre seront africains. Ce gain est surtout alimenté par l'Afrique de l'Est[1] et de l'Ouest[2] qui représenteront les quatre cinquièmes de la hausse de la population africaine d'ici 2100. D'après les estimations des Nations unies, certains pays devraient connaître des croissances stratosphériques : le Nigeria en premier (+ 326 % à 793 millions), la République démocratique du Congo (+ 381 % à 378 millions), la Tanzanie (+ 447 % à 304 millions), l'Ouganda (+ 415 % à 214 millions), le Niger (+ 830 % à 192 millions). Si l'on prend comme point de départ la décolonisation en 1960, la tendance est tout aussi impressionnante. En 1960, l'Afrique comptait 285 millions d'habitants dont 229 millions pour l'Afrique subsaharienne. La progression de 328 % entre 1960 et 2016 a bien été exponentielle.

Du point de vue de la densité, on peut relativiser cette croissance de la population du fait de l'immensité du territoire africain qui représente presque un quart des terres émergées de la planète. La densité de population africaine est aujourd'hui l'une des plus faibles avec 41,2 habitants au kilomètre carré, loin derrière la moyenne mondiale (57,4 habitants au kilomètre carré) et encore plus loin de la Chine (147 habitants au kilomètre carré), et surtout de l'Inde (445 habitants au kilomètre carré). À ce rythme, l'Afrique devrait atteindre 152 habitants au kilomètre carré en 2100.

La croissance démographique est largement due au taux de fertilité qui est en moyenne de 4,7 enfants par femme

---

1. Afrique de l'Est : Burundi, Comores, Djibouti, Érythrée, Éthiopie, Kenya, Madagascar, Malawi, Maurice, Mozambique, Ouganda, Rwanda, Seychelles, Somalie, Soudan, Soudan du Sud, Tanzanie, Zambie, Zimbabwe.
2. Afrique de l'Ouest : Bénin, Burkina Faso, Cap-Vert, Côte d'Ivoire, Gambie, Ghana, Guinée, Guinée-Bissau, Liberia, Mali, Mauritanie, Niger, Nigeria, Sénégal, Sierra Leone, Togo.

en Afrique. Même si ce taux a baissé depuis 1960 (6,7 à l'époque), il reste encore largement au-dessus de la moyenne mondiale (2,5), alors que la plupart des pays même émergents convergent vers 2 enfants par femme : Inde (2,4), Brésil (1,7). L'Institut national d'études démographiques (Ined) a récemment utilisé un autre indicateur qui montre l'ampleur du phénomène : le taux de fécondité des hommes[1]. Celui-ci est plus élevé que celui des femmes en Afrique subsaharienne et notamment au Sahel du fait d'une pyramide des âges avec une base particulièrement large. Il atteint 13,6 enfants par homme au Niger, et 13,5 au Soudan du Sud. Goodluck Jonathan, homme d'État et membre du Parti démocrate populaire au Nigeria, explique ces comportements par la religion et la culture qui posent de graves difficultés à la mise en œuvre de la contraception en Afrique. La pression démographique explique en partie le retard du continent sur l'Asie. Le PIB par habitant en Afrique subsaharienne a à peine doublé en un quart de siècle avec de grands écarts entre les pays dotés de matières premières et les pays les plus pauvres comme le Niger ou le Burundi. En Chine, il a été multiplié par seize sur la même période. Une part significative de la croissance africaine a été neutralisée par l'évolution démographique plongeant certains pays africains dans le « piège à pauvreté ».

Les progrès de la médecine aidant, la mortalité infantile a beaucoup chuté : le taux de mortalité avant 5 ans a été divisé quasiment par quatre depuis 1960 avec 68 morts pour 1 000 en 2016 ; et l'espérance de vie a augmenté de vingt ans : de 42 ans en 1960 à 62 ans en 2016. Le taux de natalité toujours très élevé n'étant plus compensé par la mortalité infantile, l'Afrique

---

1. Jacques Hubert-Rodier, « L'impossible équation démographique de l'Afrique », *Les Échos*, 7 novembre 2017, p. 9.

connaît une explosion démographique secondairement ampli-
fiée par la hausse de l'espérance de vie. Le nombre de jeunes
actifs supplémentaires en 2050 par rapport à aujourd'hui sera
en augmentation de 1,2 milliard, alors qu'il baissera de 57 millions en Europe.

UNE MÉTROPOLISATION EN PLEINE EXPANSION QUI FAIT LE LIT DE LA PAUVRETÉ

Il n'a fallu que l'espace d'une génération pour que la pauvreté recule dans le monde. En 1990, plus d'une personne sur
trois vivait dans l'extrême pauvreté (moins de 1,9 dollar par
jour). Aujourd'hui ce n'est plus le cas que d'une personne sur
dix. Ce progrès est dû pour l'essentiel à la Chine et à l'Inde.
L'objectif de développement durable de l'ONU est d'éradi-
quer la pauvreté extrême d'ici 2030. Mais, en 2016, près de
la moitié de la population mondiale (3,4 milliards d'individus) vivait encore dans la pauvreté avec moins de 5,5 dollars
par jour (moins restrictif que 1,9 dollar qui définit l'« extrême
pauvreté »). Le boom démographique en Afrique ne va pas
faciliter l'éradication de la pauvreté dans le monde. Ce continent n'a pas les moyens de bien accueillir son surplus de population. La part de la population subsaharienne cantonnée dans
l'extrême pauvreté reste à un niveau particulièrement élevé
même si celui-ci a très légèrement baissé entre 2013 et 2015 en
passant de 42,5 % à 41,1 % (soit 413 millions d'individus dans
l'extrême pauvreté sur un total de 736 millions de pauvres,
un plus bas historique)[1]. Plus de 55 % des pauvres du monde
vivent en Afrique. Sur les 27 pays affichant les taux de pauvreté les plus élevés, 26 se trouvent sur le continent africain.

---

1. Richard Hiault, « Extrême pauvreté : la Banque mondiale sonne
l'alarme », *Les Échos*, 20 septembre 2018, p. 6.

Le développement exponentiel de la Chine a changé la donne en Asie où le taux d'extrême pauvreté a chuté de manière spectaculaire. Compte tenu des tendances à long terme de la démographie du continent africain, il est peu probable que ce ratio continue de baisser dans les années à venir. La nature de la croissance des pays africains, stimulée par des secteurs à forte intensité en capital comme le secteur des matières premières ou à faible valeur ajoutée du travail, ne bénéficie qu'à une faible part de la population. Selon les prévisions de la Banque mondiale, 9 personnes sur 10 dans l'extrême pauvreté vivront en Afrique subsaharienne en 2030. Pour éviter que ce scénario pessimiste ne devienne réalité, il faudrait que le revenu des personnes extrêmement pauvres croisse de 8 % ou plus chaque année jusqu'en 2030. Une gageure lorsque l'on sait qu'entre 2000 et 2015 (qui correspond à l'hypercycle des matières premières très favorable à la croissance du continent) les pays de l'Afrique subsaharienne n'ont jamais atteint un tel niveau. « Être pauvre, cela ne concerne pas seulement le niveau de revenu et de consommation. C'est aussi faire face à toutes sortes de privations touchant l'accès à l'éducation, aux services de santé ou à l'eau potable, et être davantage exposé aux fragilités climatiques », affirme Madame Sanchez-Paramo, la directrice de l'unité pauvreté de la Banque mondiale[1].

La population des villes explose : le taux de population urbaine reste pour le moment l'un des plus faibles du monde mais cela devrait vite changer avec une multiplication par deux depuis 1960 de 19 à 41 % du taux d'urbanisation. Ce chiffre cache de grandes disparités d'une région à l'autre avec un plus bas à 27 % pour l'Afrique de l'Est et à 62 % pour l'Afrique australe. Les villes de plus de 1 million d'habitants

---

1. Marie de Vergès, « Plus de 55 % des pauvres vivent en Afrique », *Le Monde*, 21 septembre 2018, p. 5.

étaient inexistantes en 1950, juste avant la décolonisation. Elles étaient au nombre de 3 en 1960, de 54 en 2015 et pourraient atteindre le chiffre record de 102 en 2030. Cette métropolisation de l'Afrique n'est pas sans poser d'énormes problèmes car plus de la moitié de cette population urbaine (51 %) vit dans des bidonvilles. Lagos, la capitale du Nigeria, rassemble aujourd'hui une population de 17,5 millions (dont 50 % vit dans des bidonvilles) et devrait dépasser 24 millions d'ici 2030. Abidjan, la capitale de la Côte d'Ivoire, totalise 4,9 millions d'habitants (dont 56 % vivent dans des bidonvilles) et devrait atteindre 7,8 millions en 2030. Le phénomène est encore plus inquiétant en Afrique de l'Est et du Centre où les deux tiers des agglomérations sont des bidonvilles. En Éthiopie, pays de 105 millions d'habitants, 75 % des villes sont constituées de bidonvilles… L'Afrique est mal armée pour relever le défi de cette urbanisation galopante. Le nombre de personnes vivant dans les bidonvilles pourrait doubler d'ici 2050, ce qui, en plus de l'enjeu humanitaire, constituerait un facteur d'aggravation du réchauffement climatique. Les villes n'occupent qu'à peine 3 % de la surface terrestre, mais produisent plus de 70 % des émissions de CO_2. L'accroissement naturel urbain en Afrique est devenu plus important que les migrations rurales-urbaines. Cette métropolisation se fait sans dépeuplement des campagnes (où le taux de fécondité est encore plus élevé que dans les villes) qui gagneront plus de 300 millions d'individus d'ici 2050.

Beaucoup d'espoirs reposent sur la constitution de ces grandes métropoles qui serait favorable à la croissance. En effet, cette urbanisation exponentielle s'accompagne d'une forte demande en services, infrastructures, ramassage et stockage des ordures. Malheureusement, cette évolution se fait le plus souvent de manière anarchique. Aucune planification à long terme n'est vraiment pensée, les infrastructures sont souvent obsolètes, inefficaces ou parfois totalement inexistantes. À l'orée de ces métropoles se développent d'immenses décharges, malgré les dangers sanitaires qu'elles représentent pour les millions d'habitants des bidonvilles alentour. Par exemple, à l'est de Nairobi, la capitale du Kenya, l'une des plus grandes décharges d'Afrique, Dandora, voit débarquer tous les jours d'énormes camions qui déversent des tonnes d'ordures[1]. « Des hommes, des femmes, des enfants se ruent au milieu des immondices pour récupérer ce qui peut l'être […]. L'odeur de putréfaction donne la nausée. Mais la faim est plus forte. Alors ils grattent, raclent, lèchent les restes de barquettes en plastique. » Le ministère de l'Environnement avait annoncé que la décharge serait « mise à l'arrêt » et transférée sur un autre site, mieux adapté. Le projet a été définitivement enterré en 2014. La corruption serait la première cause de l'inaction des autorités. Ces immenses décharges tuent les populations à petit feu en empoisonnant l'air, l'eau et le sol, et attisent la criminalité. Ces bidonvilles sont des zones de non-droit composées d'habitations extrêmement fragiles, surpeuplées et non reliées aux réseaux d'eau potable et d'assainissement[2]. Cet habitat insalubre accentue les écarts de richesse, les carences alimentaires, la violence, et entraîne la diffusion de maladies endémiques (par exemple le virus Ebola en Afrique de l'Ouest), avec, au bout du compte, une mortalité infantile encore trop élevée et une espérance de vie qui tarde à s'améliorer.

Les besoins en infrastructures de ces cités sont vus comme une opportunité… à condition que celles-ci trouvent les moyens de contenir leur croissance et d'offrir des services publics à la mesure de leur développement. Ce qui est loin d'être le cas. Un plan Marshall à l'initiative de l'Europe doit être mis en

---

1. Stéphane Mandar, « Dans l'enfer de Dandora », *Le Monde*, 17 janvier 2018, p. 12.
2. *Le Monde Afrique*, Infographie, 9 septembre 2015, p. 5.

œuvre pour favoriser le développement harmonieux de ces métropoles.

LE DÉFI DE LA FORMATION

La démographie extrêmement dynamique de l'Afrique peut constituer un soutien à la croissance économique sur le long terme[1]. En effet, la croissance du PIB se décompose en deux termes : la croissance de la population active et celle de la productivité. Cette croissance démographique, synonyme de jeunesse, de force de travail, de matière grise et de dynamisme, ne générera une croissance soutenue que si cette population est bien formée[2]. Est-ce le cas ? L'accroissement de la population a été responsable des trois quarts de la croissance économique africaine depuis vingt ans, et la productivité seulement du quart restant. La croissance de la productivité entre 2004 et 2013 n'a été que de 1 %, alors que l'activité économique africaine était très forte. La croissance de la productivité + 0,8 % de 2010 à 2015 est même en décélération.

La force de travail du continent est en pleine expansion : aujourd'hui constituée de 500 millions d'individus, elle est censée doubler d'ici 2040. La moitié de la population a moins de 18 ans et compte 600 millions de jeunes confrontés à un chômage de masse. Les économies africaines vont devoir créer 29 millions d'emplois par an et scolariser 300 millions d'enfants d'ici 2030 pour permettre à tous ces futurs actifs de trouver un emploi[3]. Ce dividende démographique, que de nombreux

---

1. Jean-Luc Buchalet, *Le Capitalisme et les 7 péchés capitaux*, *op. cit.*, p. 158.
2. *Le Monde Hors-série 2015*, « Afrique l'envol », Infographie, p. 89.
3. Sébastien Hervieu, « L'Afrique attend encore ses "trente glorieuses" », *Le Monde*, 6 juin 2015, p. 2.

économistes considèrent comme un atout, pourrait, en cas d'échec, déstabiliser le continent.

Pour que l'Afrique, comme la Chine il y a trente ans, profite de sa croissance démographique, il faudra accélérer la scolarisation et la formation des jeunes, et investir massivement dans l'enseignement[1]. Malheureusement, les différents gouvernements africains n'ont souvent pas anticipé l'explosion démographique, ni fait le diagnostic du chômage massif y compris celui des jeunes diplômés, dont le nombre reste cependant limité en comparaison des pays occidentaux. Pour maintenir le niveau actuel d'accès à l'éducation, il faudra recruter 1,3 million d'enseignants supplémentaires (sur un total aujourd'hui de 5,4 millions). Là encore, l'Europe a un rôle majeur à jouer notamment en renforçant la coopération dans le domaine de l'éducation, en envoyant des professeurs pour former les futurs enseignants et en finançant les infrastructures scolaires. L'éducation doit devenir une priorité de l'aide internationale sur le continent. Le Partenariat mondial pour l'éducation (PME) est le seul fonds multilatéral consacré à l'éducation. Il cible les pays les plus pauvres et, en leur sein, les populations les plus démunies. Le continent africain en est le principal bénéficiaire. Emmanuel Macron a réaffirmé fin 2017 que l'éducation serait « la priorité absolue du nouveau partenariat » que la France veut établir avec l'Afrique. Avec une mention particulière à la formation des enseignants et la scolarisation des filles. Les inégalités entre les filles et les garçons restent trop élevées avec une durée moyenne de scolarisation des filles en Afrique subsaharienne de seulement 4,5 ans contre 6,3 ans pour les garçons. Ces paroles s'inscrivent dans un contexte marqué par le recul du soutien financier international. Depuis le début de

---

1. Laurence Caramel, « L'école à l'épreuve du choc démographique », *Cahier du Monde*, l'éducation en Afrique, 19 janvier 2018, p. 1.

la décennie, l'aide publique au développement consacrée à l'éducation par les pays de l'OCDE stagne globalement, mais en Afrique subsaharienne elle a subi des coupes importantes. En 2016, elle s'élevait à 2,7 milliards de dollars, contre 3,7 milliards six ans plus tôt. Le désengagement de la France explique pour une bonne part cette baisse. L'aide française a été presque divisée par trois, passant de 819 millions de dollars en 2010 à 307 millions en 2016.

Des progrès notables ont malgré tout fini par être réalisés ces dernières années. En dix ans, le taux d'alphabétisation a poursuivi son amélioration pour atteindre 71 % de la population (contre 60 % en 2007). Le taux de scolarisation dans le primaire est passé de 64 à 80 % entre 2000 et 2015. Celui du secondaire est passé de 28 à 39 %. Mais un quart des élèves abandonnent encore aujourd'hui les études avant le CM2. Parmi ceux qui arrivent jusqu'à la fin du secondaire (bac) seulement 18 % font des études à l'Université. En 1971, ils n'étaient que 1,7 %… Le chemin parcouru est impressionnant, mais on est loin de la moyenne mondiale (35 %), des BRIC (Brésil 49 %, Russie 78 %, Inde 25 % et Chine 39 %) et des standards des pays développés (France 64 %, Allemagne 65 %, Royaume-Uni 55 % et États-Unis 86 %).

Beaucoup de pays africains ont enfin pris les bonnes décisions en augmentant très fortement la part de l'éducation dans leurs budgets[1]. On est passé en moyenne de 13 à 20 %. Les familles aussi investissent relativement plus dans l'éducation de leurs enfants. Les États représentent plus de 60 % des financements de l'éducation, les familles 30 % et les partenaires externes (ONG, bailleurs) moins de 10 %. En moyenne pondérée

---

1. Serge Michel, « L'éducation est un investissement patient dans un monde impatient », *Cahier du Monde*, l'éducation en Afrique, 19 janvier 2018, p. 4.

du PIB, l'Afrique consacre 5,5 % de son PIB en 2015 pour l'éducation contre 4,5 % pour l'ensemble du monde et 5 % pour l'Union européenne (5,5 % en France). *A priori* ce chiffre relatif au PIB apparaît satisfaisant car supérieur à la moyenne mondiale. Mais compte tenu du niveau du PIB, de la pyramide des âges et de l'accroissement exponentiel de la population, les sommes consacrées à l'éducation sont largement insuffisantes. Au Japon, alors que le niveau de formation est excellent, les sommes consacrées à l'éducation sont en baisse constante depuis plusieurs années à 3,7 % du PIB, du fait du vieillissement de la population. 170 millions d'enfants supplémentaires devront être scolarisés en Afrique d'ici à 2030. Les différences d'une région à l'autre sont toujours aussi importantes avec un ratio de seulement 2,9 % du PIB en Afrique centrale, mais de 6,4 % en Afrique australe, 4,1 % en Afrique de l'Ouest, 6,2 % en Afrique du Nord et 5,2 % en Afrique de l'Est. Rapporté à la richesse nationale, ce ratio montre que les pays les plus pauvres comme le Niger consacrent pourtant des montants supérieurs à ceux de la Corée du Sud. Le système éducatif déjà sous tension, avec parfois plus de 130 enfants par classe et par instituteur, ne pourra faire face à cette nouvelle vague démographique sans un soutien financier extérieur massif.

Quand on voit les problèmes d'emploi des jeunes en France, on ne peut qu'être sceptique sur la capacité de l'Afrique à fournir des emplois à sa population toujours plus nombreuse, qui vit dans des conditions précaires, sans diplôme et toujours aussi jeune : l'âge médian en Afrique sera encore de l'ordre de 23 ans en 2050, contre 45 ans pour l'Europe[1]. Et la qualité de l'enseignement reste très inégale selon les pays. Au Niger, par exemple, seulement 8,5 % des enfants en fin de primaire

---

1. Base de données United Nations, « World Population Prospects : The 2017 Revision ».

maîtrisent la lecture (selon PASEC en 2014), alors que ce taux est de 48 % en Côte d'Ivoire, 49 % au Cameroun, 52 % au Bénin et 61 % au Sénégal.

Le classement international PISA en sciences (Programme international pour le suivi des acquis des élèves de 15 ans) donne une bonne idée du niveau du système éducatif africain[1]. Il ne concerne malheureusement que deux pays du continent : la Tunisie et l'Algérie. Le score de ces deux pays, disposant pourtant d'un système éducatif plus avancé que la moyenne des autres pays africains, reste médiocre comparativement aux autres pays de l'OCDE. Avec respectivement 386 et 376 points (contre une moyenne comprise entre 490 et 496 pour les pays de l'OCDE), la Tunisie et l'Algérie sont en queue de peloton. Plus grave, ces deux pays se situent très en dessous de la moyenne du quartile inférieur du classement de l'OCDE avec respectivement 66 et 76 points en moins sur cette classe. Rappelons que le PISA ne mesure pas la maîtrise des programmes scolaires, mais les aptitudes que tout jeune doit posséder pour avancer dans la vie du futur. Rien de très rassurant pour l'avenir de ces deux pays et pour l'Afrique en général.

Quand un Africain est instruit, il a bien souvent le désir de tenter sa chance dans un pays développé. La « fuite des cerveaux » est réelle. Plus de 10 % des diplômés africains vivent et travaillent sur un autre continent. Par ailleurs, les besoins de formation professionnelle sont énormes. Les États doivent penser une réforme de la formation afin de répondre aux attentes des entreprises car les formations sont souvent inadaptées à leurs besoins. Au Tchad, par exemple, 53 % des employeurs considèrent que la main-d'œuvre est inadéquate.

---

1. Mattea Battaglia, « Enquête PISA : les élèves français dans la moyenne », *Le Monde*, 17 décembre 2016, p. 14.

Ce taux est de 45 % au Mali et 28 % au Rwanda. La moitié des emplois qui seront créés ces dix prochaines années seront pour des maçons, des plombiers, des électriciens… Selon le dernier rapport McKinsey, pas moins de 33 millions d'élèves d'écoles secondaires devraient intégrer des formations professionnelles chaque année d'ici 2025. Ils n'étaient que 4 millions en 2012. « Les gouvernements ont un rôle clé à jouer pour assurer un système d'éducation et de formation capable d'enseigner ces compétences, et que les étudiants soient sensibilisés et encouragés dans ces voies professionnelles[1]. »

SURPOPULATION : RISQUES ENVIRONNEMENTAUX ET POLITIQUES[2]

L'explosion démographique anticipée par l'ONU en Afrique subsaharienne a de fortes chances de ne pas se réaliser compte tenu des contraintes économiques qui vont l'accompagner. Pour mieux comprendre le phénomène, prenons le cas du Rwanda. Le génocide qui a eu lieu dans ce pays est étroitement lié à la surpopulation[3]. Une grande majorité d'observateurs pensent à tort qu'il est le fait d'une guerre ethnique entre les Hutu, cultivateurs, et les Tutsi, éleveurs[4]. En fait, le conflit prend ses racines dans le développement économique du pays qui fut stoppé par la sécheresse et l'accumulation de problèmes environnementaux liés à la déforestation, à l'érosion des sols et à la dégradation de leur fertilité. La

---

1. Joan Tilouine, « Économie : où en sont les "lions" d'Afrique ? », art. cit.
2. Jean-Luc Buchalet, *Le Capitalisme et les 7 péchés capitaux, op. cit.*, p. 194.
3. Jared Diamond, *Effondrement*, « Malthus en Afrique : le génocide du Rwanda », Gallimard, 2006, p. 380.
4. *Ibid.*, p. 381.

situation s'est aggravée en 1989 avec la chute des cours mondiaux du café et du thé, principales exportations rwandaises. Puis vinrent les mesures d'austérité imposées par la Banque mondiale et à nouveau la sécheresse. Les Hutu et les Tutsi parlaient la même langue, fréquentaient les mêmes écoles et les mêmes églises, vivaient ensemble dans les mêmes villages sous l'autorité des mêmes chefs, et travaillaient dans les mêmes bureaux. Les mariages interethniques étaient fréquents. Avant que les Belges n'introduisent des cartes d'identité, ils changeaient parfois d'identité tribale[1]. Les massacres survenus au nord-ouest du Rwanda ne peuvent donc être expliqués uniquement en invoquant la haine interethnique. Dans cette région, tout le monde était Hutu et il n'y avait quasiment aucun Tutsi. Les meurtres en masse ont d'abord eu lieu exclusivement entre Hutu[2]. Le Rwanda était déjà densément peuplé au XIXe siècle, avant l'arrivée des Européens, grâce à des conditions climatiques très favorables : des pluies modérées et une altitude élevée limitant le développement de la malaria et de la mouche tsé-tsé[3]. En 1990, au moment du génocide, la densité de population était de 760 personnes au kilomètre carré, soit plus que la densité du Royaume-Uni et un peu moins que celle des Pays-Bas. Le gouvernement n'a pas su mettre en place un planning familial efficace. Parallèlement, les agriculteurs, peu instruits, ont continué à pratiquer des méthodes culturales traditionnelles faiblement productives sans qu'aucune mesure élémentaire pour minimiser l'érosion des sols ne soit prise. Pour augmenter la production, ils se sont contentés de raser les forêts, de drainer les marais afin de récupérer de nouvelles surfaces cultivables, de raccourcir les périodes de jachère et d'augmenter la fréquence

---

1. *Ibid.*, p. 385.
2. *Ibid.*, p. 386.
3. *Idem.*

des récoltes à deux ou trois fois l'an sur les mêmes parcelles. L'arrachage des forêts a asséché les cours d'eau et rendu les pluies moins fréquentes. Cette situation a donné lieu à beaucoup de conflits graves que les parties en présence ne pouvaient résoudre par elles-mêmes, et conduit le pays à la faillite et à la guerre civile. Cette analyse ne cherche pas à prouver qu'il y a systématiquement un lien parfait entre génocide et pression démographique malthusienne. Des pays très peuplés comme le Bangladesh n'ont pas subi de génocide[1], mais le scénario catastrophe peut parfois se réaliser lorsque des problèmes de surpopulation graves sont amplifiés par l'environnement et un ralentissement de la croissance.

Le boom démographique pourrait mal tourner dans d'autres pays d'Afrique subsaharienne s'il est combiné au réchauffement climatique et ses effets dévastateurs : le manque d'eau, la dégradation des terres arables et le ralentissement de la croissance économique. Il y a un risque sur le Nigeria qui pourrait devenir le prochain Rwanda : sa population devrait dépasser 794 millions d'habitants d'ici la fin du siècle (contre 191 millions en 2017), alors que sa superficie est de seulement deux fois celle de la France. La croissance démographique est aussi la source de grands déséquilibres.

VERS LE CONTRÔLE DES NAISSANCES ET LE PLANNING FAMILIAL[2] ?

Le Sahel concentre une grande partie des problèmes démographiques en Afrique. Dans cette région, les dirigeants n'ont jamais considéré que maîtriser la croissance démographique

---

1. *Ibid.*, p. 393.
2. Jean-Luc Buchalet, *Le Capitalisme et les 7 péchés capitaux, op. cit.*, p. 196.

était un objectif prioritaire[1]. Depuis les années 1970, le planning familial n'a pas vraiment été mis en œuvre. Dans les zones rurales, où se concentre toujours la majorité de la population, le taux de fécondité se situe à un niveau record entre 7 et 8 enfants par femme. La crise économique a ralenti les plans structurels et réduit les sommes allouées pour contrôler les naissances. Aucun de ces pays ne dispose de registres d'état civil. Les six pays sahéliens (Sénégal, Mauritanie, Burkina Faso, Mali, Niger et Tchad) sont sur une trajectoire qui devrait porter leur population de 91,6 millions en 2017 à 232 millions en 2050, puis à 500 millions en 2100. Le Niger, dont la population a atteint 20,7 millions d'habitants en 2017 et devrait se situer à 68 millions en 2050, pourrait se retrouver avec une population multipliée par plus de neuf en 2100 à 192 millions d'individus. Sa richesse par habitant, qui n'est que de 378 dollars en 2017, en fait un des pays les plus pauvres de la planète avec 48 % de la population vivant en dessous du seuil de pauvreté et une espérance de vie médiocre de 59,7 ans. Le Sahel, aux portes de l'Europe, sera responsable d'un tiers de la croissance de la population mondiale. De nombreuses terres agricoles sont déjà saturées et le réchauffement climatique ne va pas arranger les choses. La rivalité entre cultivateurs et éleveurs pour les terres cultivables est vive. L'arrivée de grands investisseurs qui achètent de plus en plus de terres exacerbe ces tensions. Néanmoins, il reste au Niger encore de nombreuses terres arables à conquérir avant que la situation ne devienne intolérable.

Par ailleurs, le faible degré d'éducation des femmes rend particulièrement difficile la mise en place de moyens contraceptifs à grande échelle. La structure patriarcale, très dure et

---

1. Michel Garenne, « Le Sahel est une bombe démographique », *Le Monde*, 17 janvier 2017, p. 23.

très islamisée, constitue une entrave supplémentaire au contrôle des naissances[1]. Comme on l'a vu plus haut avec le conflit rwandais, les problèmes de surpopulation aboutissent en général à l'émigration, à la guerre, à la famine et aux épidémies.

La question du contrôle des naissances en Afrique doit être posée. Elle est l'une des clés du développement économique du continent et de sa réussite. Le planning familial doit être renforcé avec un suivi mensuel des femmes par des spécialistes de la santé et la mise en place de moyens de contraception efficaces. Le planning familial présente des bénéfices énormes[2]. Promouvoir la contraception permet non seulement de sauver la vie de millions de femmes et d'enfants, mais aussi d'assurer un avenir plus radieux aux familles, et donc au pays dans sa globalité. L'accès à la contraception reste le problème majeur. De nombreuses femmes en Afrique ont entendu parler des méthodes contraceptives et aimeraient bien les utiliser. Mais, lorsqu'il faut parcourir plusieurs kilomètres pour constater que le centre médical est en rupture de stock de contraceptifs, comme cela est souvent le cas sur de nombreux territoires, on comprend pourquoi de nombreuses femmes y renoncent. L'argent reste là aussi le nerf de la guerre. Les femmes qui suivent un programme de contraception devraient recevoir une certaine somme à chaque visite au centre médical pour les inciter à se protéger et à renouveler les visites. De nombreux gouvernements essayent de sensibiliser les hommes. Certains groupes religieux ont compris que le planning familial n'est pas incompatible avec les préceptes de la religion musulmane et font passer le message dans leurs communautés. Mais pour de nombreuses femmes, il est toujours difficile de négocier

---

1. *Ibid.*
2. Edwige Caroline Sorgho, « Le combat de Melinda Gates pour le planning familial », Interview SlateAfrique, 13 juillet 2012.

ce genre de décision avec leur mari. Aussi choisissent-elles de prendre des contraceptifs à leur insu. C'est pourquoi l'injection contraceptive renouvelée tous les trois mois est si populaire dans certains pays où les femmes ne veulent pas prendre le risque d'avoir des pilules contraceptives à la maison. Les centres de santé étant souvent très éloignés du lieu résidentiel, la mise en place d'équipes de santé itinérantes dans les villages devrait faciliter la démarche des femmes.

LA MISÈRE, FERMENT DE L'ÉMIGRATION

Le grand mouvement migratoire de 50 millions d'habitants depuis les régions européennes les plus pauvres au XIXe siècle vers les États-Unis montre que la misère est bien le ferment de l'émigration. Mais les Amériques avaient à l'époque un besoin impérieux de main-d'œuvre, et les populations avaient la même culture et la même religion, ce qui favorisait l'intégration. Aujourd'hui, les frontières se referment partout. Où ces populations déshéritées vont-elles migrer ? Déjà 3 à 5 millions d'individus ont quitté le Sahel. Ils seront probablement plus de 40 millions d'ici la fin du siècle. On mesure l'ampleur du phénomène à l'aune de la réaction des populations européennes qui ont de grandes difficultés à accueillir les nouveaux réfugiés des guerres fratricides religieuses du Moyen-Orient. Parler de développement durable en continuant à nier le problème démographique africain est absurde. L'Afrique est notre voisine. Les derniers calculs de l'ONU effectués en 2017 montrent que la population en Afrique subsaharienne devrait passer de 970 millions de personnes actuellement à 2,2 milliards à un horizon de trente ans. À cette date, elle devrait représenter 22 % de la population mondiale, contre 14 % aujourd'hui.

Si la pression migratoire s'intensifie, l'Europe sera confrontée à une situation qui deviendra vite ingérable[1]. Sur la totalité des migrants arrivés en Italie en 2016, neuf sur dix des nationalités représentées provenaient du continent africain avec, en tête, les Nigérians (21 % des entrants). L'UE ne semble pas avoir pris pleinement conscience du défi qui l'attend ou fait la sourde oreille. Les dernières études montrent que, dans un premier temps, le développement d'un pays augmente l'émigration : il donne à plus d'individus les moyens pour réaliser leur projet migratoire, et favorise donc leur départ. Ce n'est que dans un second temps que l'émigration commence réellement à ralentir. À condition que l'économie et la démocratie suivent, et que la forte natalité tombe à un niveau soutenable. Les travaux du géographe américain Wilbur Zelinsky (1921-2013) confirment ce diagnostic[2]. Il existe bien une relation « en U inversé » entre migration et développement. En proportion, l'Afrique subsaharienne émigre peu en raison même de sa pauvreté. L'économiste Thu Hien Dao et ses collègues ont analysé les flux migratoires vers l'OCDE entre 2000 et 2010. Ils ont mis en évidence trois explications principales à cette relation entre développement et migrations. Tout d'abord, le niveau de qualification de la population augmente à mesure qu'un pays se développe. Or, les personnes qualifiées sont celles qui émigrent le plus. Cela explique entre un tiers et la moitié de la relation croissante entre développement et émigration. En second lieu, les inégalités et les revenus tendent à s'accroître dans les phases initiales de développement, augmentant le niveau d'aspiration et les capacités des plus pauvres à émigrer, ce qui explique environ un quart du phénomène.

---

1. Maryline Baumard et Arnaud Leparmentier, « Migrations africaines, le défi de demain », art. cit., p. 22.
2. Thibault Gajdos, « La fausse solution de l'aide au développement », *Le Monde*, 6 juillet 2018, p. 1.

Enfin, il est plus facile de rejoindre un pays où se trouvent déjà des compatriotes, ce qui conduit à un processus d'accumulation de l'émigration. Ce mécanisme explique environ 30 % de la relation croissante entre développement et émigration. Thu Hien Dao a estimé à 6 000 dollars le revenu annuel par habitant à partir duquel une augmentation de PIB entraîne une baisse de l'émigration. Avec un PIB par habitant moyen de seulement 1 450 dollars en Afrique subsaharienne, nous en sommes très loin. Les mouvements migratoires ne sont pas près de s'arrêter.

Pour le moment, ce flux reste essentiellement intra-africain. Tout au plus, les émigrés africains vont-ils dans un pays limitrophe généralement tout aussi pauvre. Sur les 32 millions d'individus qui ont pris la route, 70 % d'entre eux ont posé leur sac à l'intérieur du continent et seulement 15 % en Europe[1]. L'équilibre reste précaire, comme on peut le voir avec l'exemple nigérian dont le pays est confronté à des difficultés économiques et politiques. Dans son livre *Les Bateaux ivres*, Jean-Paul Mari, grand reporter au Nouvel Obs, décrit l'exode de ces populations qui fuient la guerre et la misère. Une chose est sûre : le mouvement migratoire s'amplifie. Les statistiques s'affolent. « Les nouvelles conditions de migration transforment les lieux de frontières en lieux de vie et font naître une nouvelle condition : celle de l'homme-frontière[2]. » Les fugitifs partent du Maroc, d'Algérie et de Tunisie, d'Érythrée, d'Éthiopie, du Congo, du Mali, du Ghana et du Nigeria… Certains migrants sont pris en otage, torturés, violés et rançonnés par des passeurs avides et féroces, de véritables bourreaux. Les passeurs vivent comme des rois. Au Niger, les revenus

---

1. Michel de Grandi, « Peu de migrants subsahariens choisissent l'Europe », *Le Monde*, 12 septembre 2018, p. 7.
2. Jean-Paul Mari, *Les Bateaux ivres*, JC Lattès, 2015, p. 21.

tirés des flux migratoires se sont chiffrés à environ 100 millions d'euros en 2016.

Sur la carte des risques politiques et de sécurité extrêmes, l'Afrique arrive largement en tête devant le Moyen-Orient et la région autour du Pakistan et de l'Afghanistan[1]. La géographie des risques planétaires est de plus en plus difficile à appréhender. Les coups portés à l'organisation État islamique pourraient accélérer la dispersion de ses membres vers le Sahel. Le Tchad reste le pivot sécuritaire dans la région sahélo-saharienne et le principal allié de la France[2]. Les interventions militaires d'Idriss Déby, au pouvoir dans le pays depuis vingt-six ans, ont renforcé son poids sur la scène internationale mais ont vidé les caisses de l'État, déjà largement entamées par la baisse des cours de l'or noir. Le Tchad est sous la menace d'une explosion sociale. Aujourd'hui, la France s'inquiète de la stabilité stratégique du pays dont les comptes sont à sec. Les bailleurs internationaux devraient rapidement lui apporter une bouffée d'oxygène car le président reste trop précieux dans la lutte contre le terrorisme islamique. Mais qu'adviendra-t-il ensuite ?

Il y a de fortes chances que le Nord soit submergé par une vague migratoire sans précédent. Le million de migrants chassés de chez eux par la guerre et la misère aujourd'hui ne donne qu'un faible aperçu de ce qui attend l'Europe. Le flux de « boat people » des années 1980 provenant du Vietnam s'est tari lorsque le pays a retrouvé le chemin de la croissance. On assiste même à un retour des « Viet Kieu » (personne d'origine vietnamienne vivant hors du Vietnam) vers leur pays d'origine

---

1. Marie de Vergès, « Les entreprises face à la fragmentation des risques », *Le Monde*, 13 décembre 2016, p. 4.
2. Cyril Bensimon, « Le Tchad sous la menace d'une explosion sociale », *Le Monde*, 21 décembre 2016, p. 6.

pour y faire du business ou pour couler des jours heureux au moment de leur retraite.

En 1900, un quart de la population mondiale était européenne. En 2050, cette part sera ramenée à 5,5 % dont près d'un tiers auront plus de 65 ans. Le choc migratoire est certain. Le continent africain fait partie de notre destin. Le temps est fini où le développement de l'Afrique pouvait être considéré comme un sujet de faible impact sur l'Europe. L'Afrique doit devenir notre partenaire privilégié et notre priorité stratégique. Le PIB (la richesse créée) pourrait, à terme, être équivalent à celui de l'Union européenne dans le cas du scénario le plus positif, si nous nous décidons enfin à investir massivement en Afrique.

AIDE AU DÉVELOPPEMENT ET POLITIQUE

Angus Deaton, professeur à la Princeton University et prix Nobel d'économie 2015, aborde avec beaucoup de lucidité la relation entre aide au développement et politique dans les pays en transition. Les institutions politiques jouent un rôle fondamental en définissant l'environnement qui peut favoriser la prospérité et la croissance économique[1]. Selon lui, tout afflux trop important d'aide étrangère modifie la politique locale pour le pire, et sape aussi la démocratie et la participation civique, perte directe qui s'ajoute aux pertes liées au manque de développement. À ces maux de l'aide financière « aveugle », il oppose le bienfait de l'aide qui permet l'instruction des enfants ou qui sauve des vies. Le développement harmonieux ne peut avoir lieu sans une sorte de contrat entre gouvernants et gouvernés. En Afrique subsaharienne, 36 pays reçoivent depuis

---

1. Angus Deaton, *La Grande Évasion*, PUF, 2016, p. 334.

trente ans autour de 10 % de leur revenu en APD (aide pour le développement). La part de l'APD est encore plus forte à l'intérieur des dépenses gouvernementales. Pour des pays comme le Bénin, le Burkina Faso, l'Éthiopie, Madagascar, le Mali, le Niger, l'Ouganda, la RDC, la Sierra Leone et le Togo, l'aide dépasse depuis plusieurs années 75 % des dépenses du gouvernement. Au Kenya et en Zambie, l'APD représente respectivement un quart et la moitié des dépenses du gouvernement. Conclusion : les dépenses discrétionnaires de ces gouvernements dépendent presque entièrement de l'APD. Le comportement des bénéficiaires est directement affecté par ces flux[1]. Parallèlement, le boom des matières premières permet aux dirigeants de gouverner sans consentement de la population. Avec des mines et des puits de pétrole propriétés de l'État, des cours des matières premières et de l'or noir élevés, une réserve illimitée de travailleurs pauvres, un dirigeant peut rester au pouvoir longtemps sans l'assentiment de la population. Avec une aide internationale suffisante, le chef de clan peut même se passer des revenus des mines, comme cela a pu être le cas au Zaïre sous l'ère Mobutu. Les énormes revenus pétroliers du Moyen-Orient sont en partie responsables de la médiocrité des institutions démocratiques dans cette zone.

Angus Deaton pose les bonnes questions : « Pourquoi la responsabilité envers les donateurs ne remplace-t-elle pas la responsabilité envers la population locale ? Pourquoi les donateurs ne peuvent-ils retirer leur aide si le président s'abstient de consulter le parlement, refuse de réformer une politique corrompue, ou se sert de l'aide pour consolider sa propre position politique ? » Même en situation critique, lorsque les pays donateurs sont parfaitement au courant du viol flagrant des accords, leur intérêt stratégique les pousse le plus souvent à ne

---

1. *Ibid.*, p. 337.

pas retirer leur aide[1]. Les donateurs se focalisent avant tout sur le volume de l'aide plutôt que sur son efficacité, et le retour sur investissement en favorisant leurs multinationales. Les agences savent parfaitement que l'aide est détournée. En Sierra Leone, dans l'un des pires cas de détournement, des officiels du gouvernement donnèrent une fête pour célébrer le fait que le PNUD (Programme des Nations unies pour le développement) avait une fois de plus classé leur pays comme le pire au monde, garantissant encore une année d'aide[2].

L'industrie de l'aide est concurrentielle[3]. « Dans un monde où les logiques de puissances s'expriment de plus en plus fortement, notre aide crédibilise notre parole et notre action économique et diplomatique », assurait Jean-Yves Le Drian concernant l'aide à l'Afrique. Le pays donateur qui tente d'imposer des conditions de transparence et de démocratie est vite éliminé. Il perd au passage son influence politique. Les conséquences commerciales peuvent être particulièrement négatives pour les multinationales du pays donateur, qui ne peut exiger aucune compensation. La Chine joue à fond sur cette concurrence de l'aide. Elle lui a permis dans de nombreux cas d'évincer les anciennes puissances coloniales en prenant leur place sans aucune contrepartie de transparence et d'efficacité. Angus Deaton affirme même que les petits pays d'Afrique qui reçoivent beaucoup d'aide ont tendance à être moins démocratiques. Inversement, on a pu constater un net progrès de la croissance et de la démocratie sur le continent depuis la suspension d'une partie de l'aide après la guerre froide et la chute du mur de Berlin en 1989. Pourtant, l'aide et les projets financés par la Banque mondiale ont incontestablement accompli beaucoup de bienfaits : des routes, des barrages et des

---

1. *Ibid.*, p. 340.
2. *Ibid.*, p. 343.
3. *Ibid.*, p. 344.

hôpitaux existent, qui n'auraient jamais vu le jour autrement. Dans certains cas, l'aide peut aggraver la pauvreté, en rendant les gouvernements moins sensibles aux besoins des pauvres[1]. L'aide obtiendrait peut-être de meilleurs résultats si elle était assortie de conditions pour garantir son succès. Le comportement de la Chine en Afrique ne favorise pas cette démarche. Elle constitue une véritable entrave à la démocratie.

Bien que la démocratisation de l'Afrique se soit améliorée ces dernières années, de nombreux progrès restent encore à accomplir[2]. Le rattrapage de l'Afrique ne pourra pas se poursuivre sans la mise en place d'une réelle démocratie avec les contre-pouvoirs qui vont avec. Spinoza, en son temps, était précurseur[3]. Dans son *Traité politique* publié en 1670, il apporte un soutien intellectuel à travers une réflexion approfondie sur le meilleur État possible. Son ouvrage reste toujours d'une étonnante actualité. Pour lui, la démocratie n'est pas nécessairement le régime le plus vertueux d'un point de vue moral, mais c'est le plus efficace, le plus à même d'assurer la cohésion des citoyens. Il est donc le plus vertueux d'un point de vue politique et économique, car il répond le mieux à la finalité profonde du politique : assurer de manière pérenne la sécurité et la paix entre les hommes.

Seuls 15 pays africains sur 54 peuvent être considérés comme réellement démocratiques avec au moins une alternance depuis 1990. L'État de droit y est globalement respecté et la liberté de la presse est réelle. Les élections n'y ont pas été contestées. Six pays sur 54 sont confrontés à une démocratie non achevée. L'alternance y est le plus souvent non pacifique et le processus

---

1. *Ibid.*, p. 347.
2. Cyril Bensimon, « La démocratie est-elle adaptée à l'Afrique ? », *Le Monde Hors-série*, « Afrique l'envol », janvier 2015.
3. Frédéric Lenoir, *Le Miracle Spinoza*, Fayard, 2017, p. 106.

électoral le plus souvent bloqué ou contesté, affectant la liberté de la presse et l'État de droit. Quatre pays sont considérés en transition. Enfin, 18 pays sont gouvernés par des régimes autoritaires[1]. Le pluralisme y est plus ou moins accepté. La presse indépendante est souvent menacée et les élections sont mises en œuvre mais sans alternance du pouvoir. Seule l'Érythrée est considérée comme une véritable dictature en Afrique.

Un tiers des dirigeants africains ont plus de 70 ans, et certains de ces pays sont menacés d'instabilité du fait de la santé déficiente de leurs responsables. L'Algérie illustre parfaitement ce problème de façon presque caricaturale. Abdelaziz Bouteflika est un président invisible, momifié, d'un pays menacé d'effondrement aux portes de l'Europe. Au Cameroun, le président Paul Biya, âgé de 86 ans dont 35 ans au pouvoir et en quête d'un record de longévité, a été réélu pour un septième mandat en octobre 2018 pour sept ans[2]. Le dirigeant de la principale puissance économique de la zone CEMAC (Communauté économique et monétaire de l'Afrique centrale) restera au pouvoir jusqu'en 2025. Il devient le deuxième président à la plus longue longévité politique au monde ! Un record qui pose question en raison du manque de réformes. Les dossiers sensibles ne manquent pourtant pas. L'armée est en opération dans le tiers du pays, aux prises avec les djihadistes de Boko Haram dans le Nord et avec une insurrection larvée dans les deux régions anglophones, dans l'Ouest, depuis deux ans. Le chef de l'État est très souvent à l'étranger pour vacances ou soins médicaux.

---

1. Algérie, Angola, Congo, Gabon, République démocratique du Congo, Cameroun, Tchad, Soudan, Éthiopie, Togo, Ouganda, Zimbabwe, Swaziland, Djibouti, Libye, Gambie, Soudan du Sud et Égypte.
2. Yves Bourdillon, « Le président camerounais en quête d'un record de longévité », *Les Échos*, 4 octobre 2018, p. 8.

Les réseaux sociaux jouent un rôle de plus en plus important dans la prise de conscience politique et les protestations civiles sont plus nombreuses. Ce ne sont pas les principes démocratiques qui sont remis en cause mais leur dévoiement. Dans la plupart des pays africains, les partis reposent majoritairement sur des bases identitaires. Le désenchantement est très présent mais n'est pas synonyme de rejet. Les cadres se tournent davantage vers les secteurs porteurs de l'économie plutôt que vers la politique, perçue le plus souvent comme sclérosée. Les téléphones portables pourraient devenir le creuset d'une radicalisation du continent. De plus en plus d'Africains sont en contact avec le monde, par les réseaux sociaux et la diaspora. En un clic sur leur téléphone portable, ils peuvent contacter leurs proches à moindre coût. Ils ont accès à l'information et le risque de frustration ne peut que s'accentuer. Les réseaux sociaux ont favorisé les révolutions arabes et la chute rapide de certains dictateurs en Afrique noire. Les inégalités et la marginalisation de certains groupes sociaux sont aujourd'hui ressenties avec beaucoup d'acuité.

III

Afro-pessimisme
versus afro-optimisme :
quel avenir possible ?

Chapitre 11

Mettre en œuvre un plan Marshall pour l'Afrique

Le plan Marshall fut un succès pour l'Europe qui a très vite repris le chemin de la croissance après la Seconde Guerre mondiale[1]. La libération de l'économie qui s'est ensuivie a largement contribué à la réussite du plan. Ce remède de cheval avait permis de relancer l'Europe de l'après-guerre. Le plan Marshall fut lancé en 1948, par les États-Unis, pour éviter que l'Europe ne sombre dans le chaos et le communisme. L'Europe était alors un champ de ruines. Les principales mesures économiques, très dirigistes, instaurées en 1939-1940 par le gouvernement de Vichy, étaient encore en place : contrôle des prix, cartes de rationnement, cartellisation de l'économie, quotas d'importation, absence de convertibilité du franc, répression financière… d'où des blocages, rationnements et pénuries permanents (les tickets de rationnement ne furent abrogés en France qu'en 1949), ainsi qu'une quasi-absence d'échanges internationaux au sein du vieux continent. Tout cela entravait la reprise économique.

Le plan Marshall consista en des dons annuels des États-Unis aux pays d'Europe de l'Ouest à hauteur de 2,5 % des pays récipiendaires pendant quatre ans (1948 à 1952). En échange, les Américains exigèrent des Européens qu'ils réduisent leurs

---

1. Luc Nadal, « Un plan Marshall pour libérer la France », *Les Échos*, 12 avril 2018, p. 9.

barrières douanières entre eux, qu'ils diminuent leurs quotas d'importation et qu'ils libéralisent autant que possible leurs économies domestiques. Le déblocage des prix agricoles stimula la production. Même constat dans l'industrie. En quatre ans, la production européenne totale bondit de 60 %. Même si, pour l'essentiel, il s'agissait d'un rattrapage par rapport aux États-Unis, le message était clair : « Libéralisez et ouvrez votre économie, si vous voulez nos dons. » Ce qui fut réalisé avec succès. Imaginer qu'un tel plan puisse résoudre tous les problèmes économiques de l'Afrique relève-t-il de l'utopie ?

UNE DILUTION DE L'AIDE AU DÉVELOPPEMENT

L'Afrique n'est pas l'Europe, mais quelle conclusion en tirer pour l'Afrique ? Pourquoi les quelque 1 000 milliards d'aide publique au développement en Afrique au cours des cinquante dernières années n'ont-ils pas eu les effets escomptés et surtout n'ont-ils pas amélioré de façon significative les économies africaines ? L'économiste zambienne Dambisa Moyo, diplômée d'Oxford et d'Harvard, aborde le sujet avec franchise. Son constat est sévère[1]. L'aide au développement, qui a compté pour près de 15 % du PIB africain, a souvent été détournée de ses objectifs initiaux. On a assisté à « une distorsion de la concurrence, à une corruption des classes dirigeantes, à une administration pléthorique » qui ont aggravé les tensions ethniques pour le partage du « butin ». Distribuée sous forme de dons ou de crédits bonifiés, cette aide a contribué à l'augmentation excessive de l'endettement du continent. Pourquoi le plan Marshall a-t-il permis à l'Europe de se redresser, alors

---

1. Jacques Hubert-Rodier, « L'Afrique doit sortir de l'aide publique au développement », *Les Échos*, 21 juin 2017, p. 9.

que l'aide à l'Afrique calquée sur ce modèle n'a pu ni la sortir de la pauvreté ni favoriser la construction des infrastructures nécessaires à son développement ? On l'a vu, le taux de pauvreté reste toujours très élevé et touche en moyenne 35 % de la population africaine. Le FMI donne une autre interprétation en évoquant une « raréfaction » de l'aide publique au développement pour les pays les plus pauvres. L'objectif fixé depuis les années 1970 était que les pays riches devaient consacrer 0,7 % de leur PIB à l'aide au développement. Celui-ci n'a été atteint que par cinq membres de l'OCDE, et encore, pour certains, de façon éphémère. La France consacre à peine 0,4 % de son budget à l'aide au développement. Sous l'impulsion d'Emmanuel Macron, la France remonte difficilement la pente avec un taux de 0,43 %[1]. Pour l'année 2017, l'aide au développement français a augmenté de 11 % pour atteindre 10,4 milliards d'euros, dont 50 % sont dirigés vers l'Afrique avec 5,2 milliards d'euros, en hausse de 15 %. Le montant des dons privés a progressé de 36 % pour atteindre 1,5 milliard d'euros. La France était en 2016 le cinquième contributeur mondial, après les États-Unis, l'Allemagne, le Royaume-Uni et le Japon. L'Afrique reste le premier continent bénéficiaire de l'aide française, mais sa part est passée de 52 % à 41 % en 2016. Le soutien à 19 pays prioritaires oscille seulement entre 10 % et 15 % de l'aide totale nette[2].

Le président français s'est engagé à faire remonter l'aide au développement à 0,55 % du PIB d'ici 2022, en privilégiant le continent africain[3]. Les pays d'Afrique subsaharienne, pourtant

---

1. Michel de Grandi, « Aide au développement : la France remonte la pente », *Les Échos*, 14 avril 2018, p. 7.
2. Virginie Robert, « La France va multiplier par quatre les dons pour l'aide au développement », *Les Échos*, 4 septembre 2018, p. 6.
3. Christophe Châtelot, « Changement de ton de la France à l'égard de l'Afrique », *Le Monde*, 4 septembre 2018, p. 21.

classés parmi les plus pauvres du monde et donc théoriquement prioritaires, ne reçoivent que 28 % de l'ADP française (contre 45 % en 2010). Paris promet dorénavant de se focaliser sur les pays les plus fragiles, en augmentant notamment les dons bilatéraux. C'est 1,3 milliard d'euros additionnels qui ont été confirmés pour 2019 avec, dans le viseur, les pays les plus pauvres.

Au-delà des sommes, Emmanuel Macron prône une nouvelle approche. Il propose que le ministère des Affaires étrangères et de l'Europe soit le véritable maître d'œuvre de cette politique (environnement, climat, éducation, économie, droits de l'homme, démocratie, égalité hommes-femmes) en orientant davantage l'argent vers la société civile, censée mieux connaître le terrain, les besoins et la façon de remédier aux problèmes, au détriment des États, moins souples et moins réactifs.

Si l'on met en parallèle les sommes allouées à l'aide au développement et l'accroissement exponentiel de la population africaine, on comprend pourquoi celles-ci deviennent largement insuffisantes, alors que la tendance à la raréfaction s'est accentuée ces dernières années. En 1970, l'Afrique comptait 365 millions d'habitants, soit 9,9 % de la population mondiale. Aujourd'hui, l'Afrique compte 1,25 milliard d'habitants, soit plus de 17 % de la population mondiale. La multiplication par 3,4 de la population sur la période a dilué l'aide au développement dont les montants n'ont pas suivi la même tendance. Dans le même temps, les donateurs ont modifié leur soutien qui s'éloigne de plus en plus d'une aide directe aux États et s'oriente vers des formes de cofinancement et de soutien à l'investissement[1]. La philosophie des donateurs a changé, à l'image de l'Amérique de Donald Trump, qui n'aime pas

---

1. Jacques Hubert-Rodier, « L'Afrique doit sortir de l'aide publique au développement », art. cit., p. 9.

l'Afrique. Le premier budget de l'Administration Trump pour l'exercice 2018 est éclairant. Il ne touche quasiment pas l'aide militaire allouée à Israël et à l'Égypte, alors que le budget du département d'État et, singulièrement, de l'aide au développement a été réduit d'un tiers. L'aide humanitaire d'urgence et le soutien aux programmes d'éradication des maladies ont été les plus touchés. Parallèlement, la contraction de l'aide publique au développement s'accompagne aussi d'une réduction des envois de fonds des migrants[1]. Pour les trois ans à venir, la Banque mondiale a décidé de mobiliser 57 milliards de dollars, alors qu'il faudrait 48 milliards de dollars par an pour les seules infrastructures du continent. Le débat sur l'aide au développement s'est déplacé, alors que la Chine et, dans une moindre mesure, l'Inde investissent massivement en Afrique, le plus souvent sans contreparties éthiques et surtout de réformes. Aujourd'hui, les Africains privilégient de plus en plus l'investissement privé pour faire rentrer le continent dans le commerce mondial. La réorientation a déjà largement commencé à l'exemple de l'Agence française de développement qui s'est adossée à la Caisse des Dépôts. Celle-ci vient d'annoncer le financement des infrastructures avec la création d'un fonds doté de 600 millions d'euros.

UN RETARD CHRONIQUE DE L'INVESTISSEMENT

Les flux de capitaux vers l'Afrique, sous forme de prêts bancaires et d'émissions d'actions et d'obligations, ont augmenté en 2017 et traduisent l'amélioration de la perception à l'égard du continent. Le rebond à court terme du prix du pétrole a favorisé cette reprise. De 34 milliards de dollars en 2016, les prêts et émissions ont progressé de 12 % en 2017 à 38 milliards

---

1. *Ibid.*, p. 9.

de dollars[1]. Les services font figure de locomotive[2]. Il n'en va pas de même pour les flux d'investissements directs étrangers malgré le léger rebond opéré en 2017. Ils ont atteint 65 milliards de dollars, en hausse de 10,1 %[3]. Un montant encore trop modeste pour un continent aussi peuplé : cela équivaut à moins de 52 dollars par tête et par mois, une somme huit fois inférieure à celle dont bénéficie, par exemple, un Britannique. Ce constat est d'autant plus alarmant qu'au-delà de ce rebond salutaire en 2017, les investissements directs étrangers ont connu entre 2011 et 2016 cinq années de baisse consécutive (59 milliards de dollars en 2016, 61 milliards en 2015, 71 milliards en 2014, et 72 milliards en 2013)[4]. Pourtant, tout se passe comme si le continent était prêt au changement sans

---

1. Ces investissements sont concentrés sur un nombre très faible de pays et orientés en priorité vers les pays producteurs de matières premières. Les deux premiers pays à avoir capté la plus grosse part du gâteau en 2016 sont l'Angola et l'Égypte, qui représentent près de 38,1 % du total avec respectivement 14,4 milliards de dollars, en recul toutefois de 11 %, et 8,1 milliards de dollars, en hausse de 17 %, à la suite notamment des découvertes d'un nouveau gisement de gaz à Zohr. Loin derrière figure le Nigeria, avec 4,4 milliards de dollars, en hausse de 45 %, un montant très faible au regard de la taille de l'économie nigériane et de sa population. On l'a vu, le pays a beaucoup souffert du repli des cours du pétrole. Parmi les autres pays non producteurs de pétrole, on retrouve ceux dont la base manufacturière est présente ou en voie de constitution : le Ghana (3,5 milliards de dollars), l'Éthiopie (3,2 milliards de dollars), le Maroc (2,3 milliards de dollars en recul de 29 %) et l'Afrique du Sud. Ce pays, longtemps classé au premier rang économique du continent, est plombé par un climat institutionnel et social délétère. Il n'a attiré que 2,3 milliards de dollars, légèrement au-dessus du plancher historique atteint en 2015.

2. Michel de Grandi, « La croissance repart en Afrique », art. cit., p. 6.

3. Yves Bourdillon, « Seulement 50 dollars d'investissements étrangers par habitant l'an dernier en Afrique », *Les Échos*, 24 juin 2017, p. 7.

4. Rapport de la conférence des Nations unies sur le commerce et le développement (Cnuced) publié en 2017.

pour autant réussir réellement à l'enclencher : le désir partagé des dirigeants africains d'améliorer le climat des affaires est réel ; sans oublier les nouveaux entrepreneurs souvent formés en Europe ou aux États-Unis[1]. Mais, hormis quelques poches de croissance, le continent peine à décoller.

Le continent ne pourra poursuivre sur sa lancée que si l'investissement s'accélère réellement. Des progrès ont été réalisés mais on est très loin des 105 milliards de dollars par an que l'Afrique devrait consacrer pendant une décennie pour combler son retard. Les infrastructures sont un immense frein à la croissance. L'Afrique subsaharienne est la seule région au monde à avoir vu la densité de son réseau routier baisser en vingt ans[2]. Les coûts de transport restent trop élevés et freinent le commerce interrégional. Faute d'un nombre suffisant de silos de stockage, un tiers de la production agricole pourrit sur place. Seulement 35 % de la population a accès à l'électricité et 30 % à des services de santé. L'accès à l'électricité du continent ne progresse que très lentement car l'accroissement de la population est plus rapide que l'investissement dans les infrastructures électriques.

Les investissements dans les infrastructures pourraient faire baisser les coûts du fret et apporter 1,5 % de croissance supplémentaire au continent. Avec un taux d'investissement moyen de 22 % du PIB, très variable d'un pays à l'autre, on est encore loin des ratios chinois ou indien (respectivement 45 et 35 % du PIB). Si rien ne change, le stock de capital de l'Afrique subsaharienne sera encore quarante fois inférieur à celui de l'Europe en 2030. Le flux d'investissements directs étrangers reste huit fois moins important qu'en Asie. Les investissements

---

1. Michel de Grandi, « Pourquoi l'Afrique peine à accélérer sa transformation économique », *Les Échos*, 3 avril 2018, p. 6.
2. Michel de Grandi, « La croissance repart en Afrique », art. cit., p. 6.

étrangers ont été réalisés pour l'essentiel dans la construction et l'immobilier (44 %) et dans les ressources naturelles (26 %), devenus la première source d'apports financiers extérieurs. Le taux d'investissement de la première puissance africaine, le Nigeria, est de l'ordre de 15 %. Le pays, qui a l'ambition d'entrer dans les vingt premières économies du monde, devra fournir des efforts colossaux en matière d'infrastructures et investir massivement rien que pour rattraper le niveau du Brésil, lui-même très en retard dans ce domaine.

Ces dernières années le rapport de force entre les financeurs et les porteurs de projets a changé[1]. Aujourd'hui, ce n'est pas le manque d'argent qui fait défaut mais la nature même des dossiers. La plupart des pays africains n'arrivent pas à proposer des projets suffisamment aboutis. Les écueils sont encore nombreux. Le schéma classique pour les infrastructures où le public donne l'impulsion, le privé assurant la mise en œuvre, ne fonctionne pas toujours. Nombreux sont ceux qui se plaignent des risques anormalement élevés que les acteurs publics ont tendance à faire porter au privé dans un projet. Le manque d'uniformisation réglementaire constitue, lui aussi, un obstacle majeur. Au niveau des ports, par exemple, le cadre juridique varie beaucoup d'un pays à l'autre.

Du côté de l'épargne publique, les choses ne sont guère plus enthousiasmantes[2]. L'équation démographique africaine est encore moins favorable qu'en Inde, avec une population plus jeune de dix ans en moyenne. Le taux d'épargne brut est en moyenne inférieur à 20 %, contre 28 % en Asie du Sud et presque 43 % en Asie orientale. D'ici vingt-cinq ans, le taux

---

1. Michel de Grandi, « Pourquoi l'Afrique peine à accélérer sa transformation économique », art. cit.
2. Jean-Joseph Boillot et Stanislas Dembinski, *Chindiafrique, op. cit.*, p. 123.

d'épargne brut pourrait ne pas dépasser la barre fatidique des 21 % du PIB. Ce taux, très faible, correspond à celui des pays européens les plus avancés, qui jouissent d'un stock de capital vingt fois supérieur à celui de l'Afrique, et ont donc besoin d'un recours à l'épargne bien inférieur. De nombreux obstacles expliquent ce faible taux d'épargne, notamment des services financiers inadaptés. L'éloignement physique des institutions bancaires, des exigences de dépôt et de solde minimum élevées font que la majorité de la population n'a pas accès aux services bancaires. En conséquence, à peine un petit tiers des familles africaines détiennent un compte en banque (10 points de plus en trois ans). La confiance d'une large partie de la population à l'égard du système bancaire reste faible du fait du poids des traditions. Les fameuses « tontines », ces ancêtres du microcrédit, continuent d'être un maillon essentiel des circuits informels d'épargne.

Beaucoup de banques n'ont pas assez de fonds propres pour prêter du fait du faible niveau de l'épargne déposée dans le système bancaire. Les entreprises de l'Afrique subsaharienne autofinancent entre la moitié et les trois quarts de leurs nouveaux investissements sur fonds propres, ce qui restreint l'activité de nombreuses entreprises. Si les Africains les plus riches maintenaient leurs revenus en Afrique plutôt qu'en dehors du continent, et si les gouvernements investissaient leurs revenus nationaux de manière plus productive, le taux d'épargne augmenterait considérablement et l'Afrique pourrait peut-être satisfaire ses besoins de financement. En Chine, une très large part du taux d'épargne provient des entreprises privées exportatrices, parties à la conquête du monde.

Chapitre 12

L'espoir d'une solution : la création d'une zone de libre-échange

Bâtir une zone de libre-échange à l'échelle de l'Afrique devrait permettre un rééquilibrage de la production de richesse sur le continent[1]. « Nous allons signer un accord historique créant une zone de libre-échange continentale. La route a été longue. Elle se mesure en décennies. Et de nombreuses étapes restent devant nous. Mais nous ne baissons pas les bras, et un nouveau chapitre dans l'histoire de notre unification va s'ouvrir. » Quel chef d'État a bien pu prononcer ces paroles ? Guy Mollet à la signature du traité de Rome en 1957 ? Non, il s'agit de Paul Kagame, président du Rwanda, au sommet à Kigali en mars 2018. Quarante-quatre chefs d'États africains (sur un total de 54) y ont signé un accord historique scellant la création d'une immense zone de libre-échange continentale, la ZLEC, s'étendant du Cap au Caire, de Dakar à Djibouti. Elle vise à établir un marché unique pour les biens et les services, incluant la libre circulation des personnes et des capitaux concernant l'ensemble des pays de l'Union africaine. Les tarifs douaniers, qui entravent le commerce intrarégional, devraient être éliminés sur 90 % des produits d'ici cinq à dix ans. Des dispositions sur la facilitation des échanges afin de simplifier les procédures douanières ont été prises. L'accord

---

1. Gaspard Koening, « Et si l'Afrique relançait un libre-échange contesté ? », *Les Échos*, 28 mars 2018, p. 10.

comprend un volet réglementaire visant à unifier certaines normes.

L'enjeu est de doper le commerce intracontinental qui végète : il absorbe moins de 20 % des exportations en Afrique, contre près de 62 % en Europe, 50 % pour l'accord de libre-échange nord-américain et 45 % en Asie. Avec des droits de douane largement supérieurs à 6 %, il coûte aujourd'hui plus cher aux pays africains de commercer entre eux qu'avec le reste du monde[1]. 79 % des exportations africaines partent aujourd'hui vers d'autres régions du monde. Or les exportations du continent sont majoritairement constituées de matières premières aux cours très volatils. Des mécanismes intra-africains existent déjà : le Marché commun de l'Afrique orientale et australe (Comesa), la Communauté d'Afrique de l'Est (EAC), celle de l'Afrique australe (SADC) et la Communauté économique des États de l'Afrique de l'Ouest (Cedeao) qui vise une plus grande intégration monétaire et a créé une union douanière[2]. L'existence de ces zones permet d'envisager la création d'une alliance plus large. L'initiative n'est cependant pas sans risques pour les États car elle peut provoquer une baisse importante des recettes budgétaires. Les droits de douane sont en effet l'une des principales ressources financières des États africains. Le commerce fait vivre des milliers de personnes aux frontières de certains pays.

Une meilleure intégration régionale servirait de tremplin à la diversification des économies en ouvrant aux entreprises locales un marché de près de 1,3 milliard d'habitants, la plus vaste zone de libre-échange jamais conçue. Une telle

---

1. Marie de Vergès, « L'Afrique pose les fondations d'une zone de libre-échange », art. cit., p. 8.
2. Jacques Hubert-Rodier, « La résistible ascension du marché commun africain », *Les Échos*, 19 juin 2018, p. 11.

intégration économique pourrait servir de catalyseur à la réindustrialisation du continent et à la création de PME. Le cadre est posé mais le plus dur reste à venir. Le président nigérian, Muhammadu Buhari, en a donné un avant-goût en renonçant au dernier moment à venir à Kigali. La première puissance de l'Afrique a suspendu sa participation à un accord qui suscite de fortes résistances au niveau national dans un contexte où se profilent les prochaines élections prévues en 2019. Les syndicats se montrent inquiets de l'instauration de politiques trop libérales. L'Afrique du Sud se montre aussi très réticente à l'ouverture des frontières à la libre circulation des personnes. Mais le pays a néanmoins signé « la déclaration de Kigali » soutenant la création de la ZLEC.

Même si le chemin est encore long pour arriver à un accord définitif, les artisans n'en vantent pas moins une étape décisive vers une meilleure intégration du continent. Vingt-deux ratifications sont nécessaires pour l'entrée en vigueur effective de la ZLEC. Pour le moment, seuls quatre pays ont ratifié l'accord. Il va donc falloir faire preuve de patience. L'Europe a mis beaucoup de temps pour se constituer dans sa forme actuelle.

L'accord inclut la création d'un marché unique et libéralisé du transport aérien déjà acté en janvier 2018 à Addis-Abeba, la capitale de l'Éthiopie. Le lancement de la ZLEC est à même d'attirer et de relancer les investissements étrangers dans le secteur manufacturier. En facilitant les échanges, les Africains vont pouvoir protéger leurs chaînes de valeur et rendre possible la production sur place de produits à plus forte valeur ajoutée. La ZLEC devrait permettre une augmentation de plus de 50 % des échanges intra-africains au cours des dix prochaines années. On l'a vu, le potentiel africain de croissance est immense mais reste entravé par un manque chronique de routes et de voies ferrées qui ralentit considérablement les délais d'acheminement et renchérit le coût des marchandises[1]. La ZLEC devrait donner dans ce domaine l'impulsion qui manquait. Le problème de la corruption et de la lourdeur bureaucratique des procédures douanières doit être résolu car il constitue le principal obstacle à la circulation des biens. Il entrave fortement le développement des PME, contraintes d'acquitter toutes sortes de pots-de-vin aux frontières. Il faudra vaincre de nombreuses réticences car de nombreux pays comme le Nigeria redoutent les effets de cette ouverture sur leur industrie à peine naissante. La mise en place de l'accord prendra du temps mais les fondations d'un meilleur développement sont posées. Seule la constitution d'un véritable marché intérieur pourra donner la pleine souveraineté à l'Afrique et rééquilibrer ses relations de dépendances commerciales vis-à-vis de l'extérieur. La ZLEC permettra d'éviter la balkanisation de l'Afrique, dont les frontières ont été dessinées arbitrairement par les anciens colonisateurs.

---

1. Marie de Vergès, « L'Afrique pose les fondations d'une zone de libre-échange », art. cit.

Chapitre 13

Chinafrique :
une opération de séduction

Un ouvrage distribué au sommet de Pékin en novembre 2006, *La Chine et l'Afrique, 1956-2006*, a servi la politique de Pékin en Afrique pour délivrer ce message : « Nous sommes de très vieux amis. » L'auteur, Yuan Wu, relate les exploits africains de l'amiral Zheng He en 1421. Mais l'histoire des relations sino-africaines remonterait au Ier siècle avant Jésus-Christ avec l'Égypte, et se serait consolidée plus tard entre la dynastie des Tang (618-907) et les conquérants arabes[1]. La marine et le commerce furent développés ensuite jusqu'à l'arrivée des conquérants mongols qui continuèrent cette quête maritime et envoyèrent des ambassadeurs à Madagascar. Les premiers contours du continent africain sont attribués à un moine taoïste et géographe, Zhu Siben (1273-1333).

Les voyages de Zheng He ont marqué ses contemporains, mais après sa mort la Chine impériale abandonne brutalement toute ambition extérieure. La flotte, les plans des bateaux et les papiers de l'amiral furent presque entièrement brûlés. Pendant qu'il parcourt le monde, le confucianisme devient l'idéologie dominante à la cour : à l'innovation et au commerce il oppose la suprématie de l'autorité et de l'agriculture. « Les adeptes de Confucius postulent que les barbares

---

1. Serge Michel et Michel Beuret, *La Chinafrique*, Hachette, 2008, p. 106.

n'apportent rien à la grande civilisation chinoise et ne font pas mystère de leur dégoût pour ces expéditions ruineuses. Pendant trente ans les portes de la Chine s'étaient ouvertes comme jamais auparavant. Elles se sont refermées pour cinq siècles[1]. »

Le livre officiel distribué au sommet de Pékin ne retient pas cette version de l'histoire. L'Europe serait responsable de la disparition des liens de la Chine avec l'Afrique. « Au xvᵉ siècle, la conquête et la division colonialiste mirent fin aux échanges amicaux entre la Chine et l'Afrique [...]. Au milieu du xixᵉ siècle, l'agression des puissances occidentales fit de la Chine un pays semi-colonial. À partir des années 1880, des milliers de Chinois furent envoyés de force en Afrique pour y construire des chemins de fer, exploiter des mines et cultiver la terre. Sur les chantiers [...] des groupes importants de travailleurs chinois ont versé de la sueur et du sang. Ainsi, la même expérience malheureuse a-t-elle étroitement uni le peuple chinois à ceux de l'Afrique[2]. »

En 1989, suite à la répression de Tiananmen, la Chine se fait condamner sur la scène internationale. Le seul partenaire disponible alors reste l'Afrique. Dans les faits, la Chine aide les peuples africains à se libérer durant la décolonisation d'après-guerre. Officiellement parce qu'elle est amie des opprimés, mais aussi parce qu'elle veut son siège à l'ONU « usurpé par Taïwan » et qu'elle a besoin des voix africaines (plus du quart des voix à l'ONU). La Chine atteint son but en 1971, mais ne commencera à financer massivement des projets africains qu'à partir de 1995. À cette date, le président Jiang Zemin lance le mot d'ordre aux entreprises chinoises « Zou Chuqu », c'est-à-dire « sortez des frontières ». Dès la fin des années 1990, chaque

---

1. *Ibid.*, p. 108.
2. *Idem.*

projet d'infrastructure en Afrique reçoit le soutien politique et financier de la Chine par le biais de l'Exim Bank of China. Dans le même temps, l'aide anglo-américaine, conditionnée par des progrès en matière de démocratie, est vertement critiquée par Pékin.

La Chine enterre la « Françafrique »

En Afrique, l'influence de la France recule dans tous les domaines. L'œuvre de corruption de ce réseau politico-affairiste que l'on nomme la « Françafrique » a préparé le terrain à la Chine qui, elle aussi, sait agir en zone trouble. La Chine dispose de délégations dans 49 pays africains, tandis que la France n'en détient que 11[1]. Dans le secteur du BTP, les Chinois raflent tous les marchés d'infrastructures en affichant des prix représentant une fraction des prix français, tout en bénéficiant du financement de la Banque mondiale et même, un comble, de l'Agence française de développement (AFD) ! Les groupes français se retirent aussi d'autres secteurs comme l'industrie de l'eau ou du bois. Le désinvestissement des entreprises françaises est bien réel, et leur présence se résume désormais à une vingtaine de groupes moyens et grands[2]. À part l'aéronautique, la part de marché à l'exportation de la France en Afrique a été divisée par deux depuis 2000, passant de 11 % à 5,5 % en 2017. Le phénomène de vases communicants entre la France et la Chine est particulièrement net dans la partie francophone.

Alors que les chinatowns poussent dans toutes les capitales d'Afrique, il est question que les bases militaires françaises lèvent le camp. Vieille d'un demi-siècle, cette présence armée

---

1. *Ibid.*, p. 150.
2. *Ibid.*, p. 152.

comprend 8 000 hommes au Tchad, en Côte d'Ivoire, au Gabon, au Sénégal et à Djibouti. La langue chinoise reste cependant marginale, et l'anglais ne perce pas en Afrique francophone, car le français est la langue des affaires et de la diplomatie.

Le réseau Françafrique a soutenu de nombreux potentats, notamment après la chute du mur de Berlin pour aider à éteindre les soulèvements populaires. Néanmoins, Paris a dû s'aligner dans les années 1990 sur la ligne moraliste de l'axe Washington-Londres[1]. La relation avec le continent devient alors de plus en plus ambiguë, et, en 1993, c'est la rupture : Paris annonce une dévaluation du franc CFA, lié en parité fixe depuis 1948 au franc français. L'année suivante, le CFA est dévalué de moitié dans quatorze pays. Ce traitement de choc provoque un appauvrissement massif des populations suivi d'un mouvement de migration. L'élection de « Chirac l'Africain » en 1995 donnera un regain d'espoir aux dirigeants africains pour un temps. Espoir balayé par la continuité de l'aide conditionnée, et un moralisme amplifié pendant la cohabitation. L'espace laissé derrière elle par la France est comblé avec gourmandise par la Chine.

Le cas de la Côte d'Ivoire est typique de cette évolution. Dans un pays déjà fragilisé par la disparition de son père fondateur, le président Houphouët-Boigny, en 1994, la France a laissé le FMI donner le coup de grâce en déréglementant la filière cacao après la chute du mur de Berlin en 1989 et l'effondrement du communisme russe. Du jour au lendemain, le système de fixation des prix du cacao, la CASDA (caisse de compensation permettant de maintenir la stabilité du prix du cacao), a donné place aux lois du marché international où la cotation des prix de la fève est fixée à Chicago, provoquant

---

1. *Ibid.,* p. 158.

l'effondrement des prix et la ruine de nombreux agriculteurs impréparés. La révolte sociale fait alors rage. Le successeur de Houphouët, son dauphin Konan Bédié, introduit alors l'article 35 dans la Constitution ivoirienne, qui interdit l'éligibilité à toute personne dont la « nationalité est douteuse[1] ». Il faut bien trouver des coupables à la débâcle économique : l'étranger. Cette loi raciale est faite sur mesure pour écarter le grand rival du nord, Alassane Ouattara, l'ex-Premier ministre d'Houphouët, d'origine burkinabaise. Peu à peu l'« ivoirité » précipite le pays dans le gouffre de la guerre civile. Mal élu en octobre 2000, Laurent Gbagbo, le successeur de Konan Bédié, maintient l'article 35 pour, lui aussi, écarter Ouattara aux législatives. Les protestations consécutives sont durement réprimées et, en octobre, un charnier de 57 corps est découvert dans un quartier populaire d'Abidjan. Après un séjour de dix jours de Gbagbo en Chine, la guerre éclate entre le nord (soutenu par la France) et le sud du pays (armé par la Chine). La chasse aux immigrés maliens et burkinabés est ouverte à Abidjan. En février 2003, le président français déclare : « Il est fini le temps de l'impunité [...]. Ceux qui sont coupables d'exactions ont désormais à craindre d'être sanctionnés par la Cour pénale internationale[2]. » À l'inverse, la Chine se fait plus cajoleuse. Elle devient le nouveau grand protecteur de Gbagbo, le défend à l'ONU, assure ses fins de mois, paie un temps les salaires de ses fonctionnaires sans dissimuler son intérêt pour le pétrole ivoirien, son bois et ses mines. En mai 2007, elle annule 40 % de la dette bilatérale, et annonce la construction d'un hôpital et de deux écoles rurales. « Notre salut viendra de la Chine », a conclu le président du Conseil économique et social ivoirien. En évoquant la France, il ajoute : « Nous ne voulons plus du

---

1. *Ibid.,* p. 162.
2. *Ibid.,* p. 165.

mariage du cheval et du cavalier, car il y en a un qui souffre et l'autre qui gagne. »

Face à l'offensive chinoise, la France devra s'investir plus, donc dépenser davantage et prendre des risques pour rester en Afrique. L'Union européenne étant le premier partenaire commercial de l'Afrique, certains prônent une politique triangulaire France-Europe-Afrique et la création d'un partenariat d'égal à égal, gagnant-gagnant. Mais y a-t-il une vraie volonté des 27 de mener une politique africaine ? La Chine, évidemment, n'a pas le même problème, et sa stratégie est efficace : l'État finance d'énormes contrats, souvent à perte. Ils garantissent l'accès à des matières premières mais surtout offrent aux grandes entreprises chinoises un débouché en Afrique. Certains cadres de ces compagnies sont encouragés à s'établir à leur compte afin de quadriller le terrain et de maintenir une présence[1].

L'Éthiopie, symbole de la « Chinafrique »

La Chine investit massivement dans les infrastructures en Éthiopie[2]. Devenue son premier partenaire, elle investit tous azimuts dans ce pays qui affiche la plus forte croissance estimée en 2018 à + 8,5 %. De 2005 à 2012, les entreprises chinoises ont été impliquées dans plus de 700 projets employant 165 000 travailleurs. En contribuant largement à la construction d'infrastructures de transport, Pékin participe activement à son développement. Sur le plan ferroviaire, la France s'est effacée au profit des Chinois qui ont mis en service une nouvelle ligne électrifiée de trains, parallèle à l'ancienne voie. Elle relie

---

1. *Ibid.,* p. 347.
2. Émeline Wuilbercq, « L'Éthiopie, symbole de la Chinafrique », *Le Monde,* 18 juin 2018, p. 2.

les hauts plateaux abyssins jusqu'à la mer Rouge en seulement douze heures. Cette voie ferrée est vitale pour le pays, privé d'accès à la mer depuis l'indépendance de l'Érythrée voisine en 1993, et permet de se passer de la route pour acheminer les marchandises par le port de Djibouti. La Chine trouve dans ce projet un accès maritime qui facilite son expansion commerciale et logistique dans la Corne de l'Afrique au sein de son programme des « nouvelles routes de la soie ». Pékin pense davantage en termes économiques, alors que les États-Unis raisonnent plutôt en termes sécuritaires et politiques dans cette région. L'Éthiopie voit dans le développement de la Chine un modèle à suivre. Le total désintérêt chinois vis-à-vis des droits de l'homme et l'inclination autoritaire des régimes des deux pays facilitent aussi l'entente bilatérale. La forte pression en faveur de la démocratie de la part de l'Occident a conduit l'Éthiopie à chercher du soutien du côté de Pékin.

L'empire du Milieu est la locomotive de l'ambitieux programme d'industrialisation accélérée du pays. Pour la Chine, dont les travailleurs sont de moins en moins compétitifs, les ressources humaines en grand nombre de l'Éthiopie sont un atout majeur. L'équilibre financier de ce partenariat n'est pourtant pas assuré. L'Éthiopie a importé 3,21 milliards de dollars en 2016 et n'a exporté que 88,7 millions de dollars vers la Chine[1]. Le déficit commercial total (y incluse la Chine) s'est élevé à plus de 22 milliards de dollars en 2016. Le problème est que l'Éthiopie, pauvre en ressources minières, n'a pas grand-chose à vendre à l'empire du Milieu. Les entreprises chinoises inondent le pays de produits à bas prix et de qualité souvent médiocre, alors que l'Éthiopie exporte du café, du sésame, des haricots et des abats. Cette course en avant est financée par l'Exim Bank, le bras armé à l'export de la Chine. Pendant ce

---

1. *Ibid.*

temps, la dette s'accumule dangereusement. Mais l'Éthiopie a désespérément besoin de croissance pour nourrir sa population et sortir de la pauvreté.

Le Kenya : le poids de la dette chinoise

La dette publique kényane a explosé, notamment depuis l'arrivée au pouvoir du président Uhuru Kenyatta, en 2013[1]. D'environ 1 800 milliards de shillings kényans à cette date, elle a bondi à 5 000 milliards (soit respectivement 15,4 milliards et 42,7 milliards d'euros). Elle pourrait encore progresser jusqu'à 7 000 milliards de shillings (60 milliards d'euros) d'ici au terme du mandat de l'actuel président en 2022. Malgré une croissance soutenue de 6,5 % depuis 2008, la part de la dette dans le PIB n'a cessé de croître et frôle désormais les 58 %. La forte hausse des dépenses de l'État est justifiée par un important processus de décentralisation et un large programme d'investissements publics, « Vision 2030 », focalisé sur le développement des infrastructures. Le train qui relie le grand port de Monbasa sur l'océan Indien à la capitale, Nairobi, illustre ces investissements gigantesques. Cette voie ferrée doit se prolonger jusqu'en Ouganda voisin. Ce projet a été financé par la Chine et réalisé par des entreprises chinoises grâce à un prêt de 2,8 milliards d'euros. L'influence de l'empire du Milieu cristallise les inquiétudes, à l'heure où la dette de certains États voisins africains se révèle difficilement soutenable. Dans le contexte actuel, les Kényans pensent que la Chine a piégé le gouvernement avec la dette et craignent qu'elle prenne, en cas d'échec du projet ferroviaire, le contrôle du port de Monbasa, de l'aéroport international JKIA ou même

---

1. Marion Douet, « Au Kenya, la forte augmentation de la dette publique inquiète la population », *Le Monde*, 13 octobre 2018, p. 5.

de la réserve naturelle du Masai Mara. De plus en plus, il y a un ressentiment de « néocolonialisme » et de « racisme ». L'expulsion du pays d'un directeur d'usine chinois qui avait traité les Kényans et leur président de « singes » a fait la une des journaux. Estimée à environ 5 milliards de dollars, la dette due à la Chine est élevée, devançant largement celles des deuxième et troisième prêteurs bilatéraux (la France et le Japon), qui sont respectivement de 640 et 510 millions de dollars[1]. Une partie de l'obsession au sujet de la dette chinoise tient probablement à son opacité. Le coût des projets d'investissement semble très élevé car il intègre une part importante de pots-de-vin. Une crise de la dette kényane est encore loin. En revanche, Nairobi doit rapidement contenir son endettement et financer une plus grande partie de ses dépenses par l'augmentation de ses revenus. La défiance des citoyens vis-à-vis d'un État impliqué dans des scandales de corruption à répétition grève la capacité de celui-ci à lever taxes et impôts.

LES GRANDS GROUPES CHINOIS À LA CONQUÊTE DE L'AFRIQUE

Le conglomérat China Energy Fund Committee (CEFC) n'a jamais eu la réputation d'agir dans la transparence. Rien d'étonnant à ce que son flamboyant patron, Ye Jianming, soit accusé de corruption et tombe le 23 mars 2018 avant de disparaître dans les geôles chinoises[2]. Il est suspecté par les autorités chinoises de « crimes économiques ». Pour son ascension, Ye Jianming s'est appuyé sur la politique des « nouvelles routes de la soie » du président Xi Jinping, et n'a cessé de chanter

---

1. *Idem.*
2. Harold Thibault, « Ye Jianming, l'étoile montante du pétrole en Chine, a disparu », *Le Monde*, 26 mars 2018, p. 4.

les louanges du Parti communiste. Il porte le même nom de famille, Ye, qu'un maréchal de l'Armée populaire de libération, Ye Jianying, qui avait mené la Longue Marche aux côtés de Mao, sans que l'on sache s'il existe un lien de parenté entre eux. Mais en Chine, être associé – même par homonymie – aux « princes rouges » ouvre largement les portes. Jouant un peu plus sur l'ambiguïté, l'homme d'affaires a acquis à Hong Kong une société en partenariat avec la petite-fille de cette figure historique du parti. Soutenu par le pouvoir, il a été le premier à bénéficier de l'ouverture au privé de la gestion des réserves pétrolières nationales (stock stratégique en cas de crise internationale) décidée par Pékin en 2016. Le Groupe CEFC a fini par se retrouver dans le viseur des autorités judiciaires américaines. Au même moment, on relève l'annonce de l'arrestation, à New York, de Patrick Ho, ancien ministre de l'Intérieur de Hong Kong et rattaché au groupe CEFC, accusé de corruption par la justice américaine. Il aurait versé 400 000 dollars à un ancien ministre des Affaires étrangères sénégalais, Cheikh Tidiane Gadio, afin d'avoir accès à Idriss Déby, le président du Tchad, dont les puits de pétrole intéressaient vivement CEFC. Le groupe se serait engagé à verser un pot-de-vin de 2 millions de dollars à M. Déby.

M. Ho, jouant de ses connexions au siège des Nations unies pour faire avancer les intérêts de CEFC, aurait également contacté le chef de la diplomatie ougandaise, Sam Kutesa, lorsque ce dernier a accédé à la présidence de l'Assemblée générale de l'ONU en 2014, et lui aurait fait miroiter un bénéfice personnel si un projet pétrolier de CEFC dans ce pays de l'Afrique des grands lacs devait aboutir[1]. Cette histoire illustre parfaitement les liens opaques qui existent entre les autorités chinoises et le pouvoir en Afrique.

____

1. *Ibid.*, p. 4.

« Les Chinois nous offrent du concret et l'Occident, des valeurs intangibles. Mais ça sert à quoi la transparence, la gouvernance, si les gens n'ont pas d'électricité, pas de travail ? La démocratie ça ne mange pas », affirmait Serge Mombouli, alors conseiller de la présidence à Brazzaville[1].

ROUTES DE LA SOIE : DES ÉTATS PRIS AU PIÈGE DU SURENDETTEMENT

En échange de matières premières dont le continent regorge (pétrole, gaz, uranium, terres, bois, poissons…), l'empire du Milieu intègre l'Afrique dans son développement économique[2]. Jamais un bailleur de fonds n'a avancé autant d'argent, sans exigences morales, sans tutelle, et à des conditions aussi avantageuses. Le commerce bilatéral entre la Chine et l'Afrique a été multiplié par plus de 150 entre 1980 et 2016 pour atteindre 149,1 milliards de dollars, ces chiffres ne prenant pas en compte les investissements réalisés par les migrants[3]. Lorsque le président Xi Jinping en déplacement en Afrique a annoncé les montants exorbitants qu'il s'apprêtait à nouveau à mettre à disposition de l'Afrique, on pouvait entendre dans la foule des invités l'un d'eux murmurer : « À présent, il va falloir que nos chefs se montrent sages, très sages. » Lors du sommet Chine-Afrique de septembre 2018, Pékin a annoncé accorder 60 milliards de dollars supplémentaires d'aides et de prêts à l'Afrique pour la mettre sur les « routes de la soie », la même somme que l'année précédente[4]. En pleine guerre

---

1. Serge Michel et Michel Beuret, *La Chinafrique, op. cit.*, p. 387.
2. *Ibid.*, p. 9.
3. *Ibid.*, p. 13.
4. Frédéric Shaeffer, « À Pékin, Xi Jinping défend la "Chine-Afrique" », *Les Échos*, 4 septembre 2018, p. 6.

commerciale avec Washington, Pékin a déroulé le tapis rouge pour accueillir la plupart des chefs d'États africains. En moins de vingt ans, la Chine est devenue le deuxième partenaire du continent africain et l'un de ses principaux investisseurs. Même si les investissements chinois en Afrique restent encore de petite taille, à plus de 51 milliards d'euros en 2017, ils représentent 5 % des investissements directs étrangers en très forte hausse par rapport à 0,2 % en 2013. À peine 2 500 entreprises sont implantées sur le continent. Ces chiffres sont cependant à relativiser si l'on compare la part de marché de la Chine avec l'Europe qui arrive très largement en tête en totalisant 40 % des investissements directs (291 milliards d'euros). La Chine concentre la majeure partie de ses investissements sur l'exploitation des matières premières ou sur les infrastructures, au contraire de l'Europe qui élargit ses investissements à l'ensemble de l'économie. Au niveau des échanges, l'UE est aussi largement en tête avec un poids de 36 % (exportations plus importations), contre seulement 16 % pour la Chine. Hormis des exceptions médiatisées (Éthiopie et Rwanda), rares sont les entreprises chinoises qui s'implantent en Afrique pour exporter vers les États-Unis et l'Europe. Confrontées à des hausses de coût en Chine, les entreprises choisissent avant tout l'automatisation ou les délocalisations en Asie du Sud-Est. L'Afrique subsaharienne reste marginale à l'exportation. Dans le textile, elle exporte deux fois moins que le Cambodge. Les millions d'emplois industriels que la Chine annonce vouloir développer relèvent plus de l'incantation. Pékin privilégie le financement d'infrastructures construites uniquement par des entreprises chinoises et leurs salariés.

Ces échanges ne doivent pas faire oublier comment, sous prétexte de développement de l'Afrique, la Chine exploite sans vergogne et parfois avec cynisme la richesse et la main-d'œuvre du continent sans qu'au bout du compte le bilan soit si favorable aux peuples africains, peut-être seulement à une poignée de dirigeants qui pillent leur propre pays.

Lorsque l'on étudie les financements des projets chinois des « nouvelles routes de la soie », on estime qu'un nombre important de pays, notamment en Afrique, pourraient souffrir de surendettement. Les projets chinois sont souvent gonflés pour masquer les détournements par les dirigeants des pays concernés. Les gouvernements se retrouvent alors enfermés dans le piège chinois de la dette avec parfois, à la clé, des aberrations économiques. Le FMI s'est récemment inquiété de l'envolée de l'endettement de certains pays africains[1]. « Ce n'est pas un repas gratuit », a mis en garde la directrice du FMI, Christine Lagarde. D'autant plus que les échanges commerciaux entre la Chine et les pays africains ne sont toujours pas au rendez-vous. Les importations de l'Afrique depuis la Chine, après avoir atteint un sommet en 2014 (220 milliards de dollars), se sont affaissées à 170 milliards de dollars en 2017, alors que les dirigeants chinois avaient pronostiqué 400 milliards de dollars d'ici 2020. Les exportations de l'Afrique vers la Chine ont subi le même sort avec un effondrement de plus de 60 % des échanges et une balance commerciale entre les deux zones toujours aussi déséquilibrée.

Une note du Trésor français s'interroge sur la soutenabilité des financements chinois en Afrique. Faut-il s'inquiéter du « piège de la dette » que la Chine tend aux pays africains participant à ses « nouvelles routes de la soie »[2] ? L'ampleur des financements accordés par la Chine accroît le risque que soient financés des projets économiquement non viables qui pourraient entraîner les États les plus fragiles dans des dérives d'endettement

---

1. *Ibid.*, p. 6.
2. Marie de Vergès, « Routes de la soie : des États fragiles pris au piège », *Le Monde*, 13 octobre 2018, p. 5.

insoutenables. La stratégie chinoise consiste à aider à combler le déficit massif d'infrastructures, évalué à 26 000 milliards de dollars d'ici 2030 par la Banque asiatique de développement, le bras armé de Pékin pour ses « routes de la soie ». Les conditions attachées à certains de ces financements peuvent remettre en cause les intérêts stratégiques des pays emprunteurs. C'est le cas du Sri Lanka, mis en défaut après avoir massivement emprunté auprès de Pékin pour aménager un port en eau profonde. L'île a dû lui en céder la concession pour 99 ans. Le Pakistan est, lui aussi, en difficulté avec l'immense chantier d'aménagement d'un corridor sino-pakistanais qui devrait permettre à la Chine de s'offrir un accès à l'océan Indien. Le pays est au bord de l'insolvabilité et a réclamé en octobre 2018 l'assistance financière du FMI. Il y a de fortes chances que cette aide se heurte au veto américain. Le secrétaire d'État Mike Pompeo a mis en garde contre le risque qu'un prêt du FMI soit utilisé par Islamabad pour rembourser ses dettes à la Chine. Le *Financial Times* estime désormais que Pékin encourage ce type de surendettement pour prendre le contrôle de ressources stratégiques en cas de défaut de paiement[1]. Que Pékin le fasse volontairement ou non, écrit le « FT », les effets dans plusieurs régions d'Afrique se font déjà sentir. À quand la prochaine crise de la dette africaine ? Mahathir Mohamad, le Premier ministre malaisien, a mis les pieds dans le plat en dénonçant ouvertement le néocolonialisme chinois.

LE DÉBUT DU DÉSAMOUR

La Chine cependant semble être arrivée au bout de sa période de grâce dans certains pays. Les Chinois n'ont pas encore

---

1. *Financial Times*, « Pourquoi Pékin endette les pays en développement », *Les Échos*, 12 septembre 2018, p. 10.

autant d'expérience sur le continent que les Européens, et ils ne vont pas tarder à décevoir les Africains. D'ailleurs, les Chinois commencent également à être déçus : ils ne pensaient pas que les pots-de-vin étaient si chers en Afrique...

Le cas de la Zambie, vitrine de la Chine en Afrique, est là aussi typique. Mao Zedong y avait envoyé 25 000 de ses compatriotes pour construire une ligne de chemin de fer Tanzanie-Zambie afin d'accéder aux ports maritimes. Depuis la fin des années 1990, les Chinois sont revenus pour, cette fois-ci, développer leurs affaires. Officiellement, ils sont 3 500 à s'être installés dans le pays mais l'opposition affirme qu'ils sont 80 000. La Zambie est devenue le pays où le sentiment antichinois est le plus fort de toute l'Afrique[1]. L'une des difficultés des Chinois est que ce pays est plus démocratique que le leur. La presse est relativement libre et a failli faire remporter par l'opposition l'élection présidentielle de 2006 avec le programme « China go home ! ». Les accidents dans les mines ou dans les usines discréditent de plus en plus les discours d'amitié entre les deux peuples. En 2008, des dizaines de paysans zambiens furent expulsés sans compensation de leurs terres pour un projet de zone économique spéciale, telle que celles créées sur la côte Est de la Chine dans les années 1970.

DIRE NON À LA CHINE

L'Afrique doit apprendre à dire non à l'empire du Milieu, tout comme la Chine qui, dès les années 1980, avait dicté ses exigences aux investisseurs occidentaux qui se sont présentés dans ses zones économiques spéciales, afin d'en tirer le meilleur parti[2]. Certains dirigeants chinois donnent l'impression

---

1. Serge Michel et Michel Beuret, *La Chinafrique, op. cit.*, p. 351.
2. *Ibid.*, p. 383.

de ne découvrir l'existence de groupes rebelles que lorsque leurs compatriotes se font enlever ou tuer, comme au Nigeria, en Éthiopie et au Soudan, ou lorsqu'un camp chinois en Algérie est la cible d'un attentat. Après avoir incarné le partenaire providentiel et fraternel, capable de tous les miracles, la relation africano-chinoise se banalise et parfois tourne au vinaigre. Jamais l'Occident ne s'est autant intéressé à l'Afrique que depuis que la Chine y investit massivement. Américains, Européens, Japonais, tous redécouvrent les vertus de ce continent. Si les Chinois s'intéressent tant à l'Afrique, c'est qu'il doit y avoir de bonnes raisons. La balle est dans le camp des dirigeants européens.

Chapitre 14

La quatrième révolution industrielle peut-elle sauver l'Afrique ?

La numérisation du monde est en marche. Les innovations semblent sans limites et s'enchaînent à une vitesse inouïe[1]. Selon les données du cabinet Oliver Wyman, plus de 35 % de la population mondiale est aujourd'hui connectée à Internet[2]. En 2025, nous serons 80 %. Chaque année, 230 millions d'habitants supplémentaires rejoignent le réseau. En 1984, 1 000 appareils étaient reliés à Internet, 14 milliards le sont aujourd'hui et 500 milliards le seront en 2030[3]. Ce grand basculement de l'économie vers le numérique va-t-il avoir les mêmes effets positifs que les grandes révolutions industrielles passées ? Grâce aux smartphones, la diffusion des nouvelles technologies de l'information s'accélère même dans les zones dépourvues d'infrastructures comme en Afrique.

La convergence et la croissance exponentielle des nouvelles technologies (biotechnologie, informatique, nanotechnologie, robotique, sciences cognitives, intelligence artificielle…),

---

1. Jean-Luc Buchalet, *Le Capitalisme et les 7 péchés capitaux*, *op. cit.*, p. 44.
2. Philippe Escande, « La numérisation du monde en marche », *Le Monde*, 6 décembre 2014, p. 2.
3. John Chambers (président exécutif de CISCO), « 40 % du business d'aujourd'hui n'existera plus dans dix ans », *Les Échos*, 2 novembre 2015, p. 16.

amplifiées par la célèbre « loi de Moore » (doublement de la puissance informatique tous les dix-huit mois), sont en train de bouleverser, comme jamais dans l'histoire humaine contemporaine, la face du monde. Les industries du XXIe siècle ne seront pas celles du XXe. Cette nouvelle puissance technologique ouvre des perspectives financières et économiques fabuleuses à ceux qui sauront en prendre le leadership. *A contrario*, les pays qui ne prendront pas le virage resteront définitivement à la traîne.

Cette rupture est qualifiée de disruptive par Clayton Christensen, professeur à la Harvard Business School : « Les nouvelles technologies sont disruptives car elles permettent un accès massif et simple à des produits et services auparavant peu accessibles ou coûteux. La disruption change un marché non pas avec un meilleur produit (c'est le rôle de l'innovation pure) mais en l'ouvrant au plus grand nombre […]. Partout où il existe des activités qu'on peut dématérialiser et désintermédier, il y a de la place pour de nouveaux modèles économiques[1]. » La disruption ouvre de nouveaux marchés plus larges, moins chers et plus accessibles là où il y a des rentes de situation ou des oligopoles non transparents. Cette révolution technologique entraîne une transformation définitive du capitalisme. Ce mouvement de bascule contraint les acteurs traditionnels à se réinventer s'ils veulent survivre. Cette nouvelle concurrence peut rafler la mise au nez et à la barbe d'entreprises qui ont souvent mis plusieurs décennies à asseoir leur part de marché, et les faire disparaître[2]. Et ce déferlement se fait à une vitesse extraordinaire. Il touche l'ensemble des activités et s'insinue là où on ne l'attend pas. Cette révolution est fulgurante

---

1. Muriel Jasor, « L'innovation, un processus social ? », *Les Échos*, 7 décembre 2015.
2. Jean-Marc Vittori, « Les promesses et les défis de l'économie éclatée », *Les Échos*, 17 novembre 2014, p. 11.

dans la mesure où elle touche l'ensemble des activités et elle se diffuse à une vitesse incroyable.

La quatrième révolution peut-elle sauver l'Afrique ou, au contraire, ne risque-t-elle pas de la marginaliser en accentuant son retard de développement ? Le continent connaît des mutations technologiques aussi importantes qu'en Europe, mais peut-être à un rythme moins rapide et de façon mal répartie sur l'ensemble du territoire. Néanmoins, l'émergence d'une Afrique 4.0 est bel et bien amorcée. Le numérique peut être la clé d'un développement plus rapide du continent. La diffusion rapide de la téléphonie mobile et d'Internet a induit une augmentation très forte de la productivité dans ces deux secteurs (1 % de la croissance du PIB africain). Près de 80 % des habitants de l'Afrique subsaharienne devraient avoir accès à des téléphones mobiles d'ici 2020. Le téléphone mobile a connu un développement exponentiel avec un taux de croissance de 37 % par an au cours des dix dernières années. Plus de 71 Africains sur 100 disposent aujourd'hui d'un mobile (96 en moyenne dans le monde)[1]. Environ un quart des Africains peuvent accéder à Internet par l'intermédiaire de leur téléphone portable (350 millions de smartphones). Le nombre de portables neufs vendus sur le continent dépasse depuis l'été 2016 celui des Européens (taux de couverture de 85 % au sein de la population européenne). Les prix ont chuté de 80 à 30 dollars en à peine deux ans grâce, notamment, à l'apparition d'appareils fabriqués spécifiquement pour l'Afrique.

Alors que le taux de bancarisation reste très faible (34 %), le continent est en train de passer directement aux paiements par mobile. Selon McKinsey, l'Afrique a en moyenne un taux de connexion à Internet encore très faible avec 22 internautes

---

1. Jacques Hubert-Rodier, « L'Afrique, continent connecté au XXIᵉ siècle », *Les Échos*, 3 décembre 2014.

pour 100 personnes, très en deçà des autres pays émergents. Parmi les 28 pays les plus pauvres, on constate une pénétration d'Internet encore plus faible avec un seuil de moins de 12 %[1]. Il reste donc encore beaucoup à faire. Le poids économique de ces nouvelles technologies à très forte croissance reste malheureusement marginal dans le PIB africain, même s'il a modifié de manière considérable le mode de vie de ses habitants. Bruno Mettling, P.-D.G. du holding Afrique et Moyen-Orient d'Orange, revendique 120 millions de clients qui transforment leur modèle économique sur le continent[2]. Les start-up sont particulièrement intéressées par l'accès aux plateformes d'Orange pour distribuer et commercialiser leurs produits[3].

En plus de la connectivité, le groupe de télécommunications se développe dans les services : la banque, mais aussi l'électricité, en proposant un kit à partir d'un panneau solaire facile à installer en zone rurale à des prix raisonnables. De la même manière, il propose des solutions numériques dans l'éducation, l'énergie, la santé, l'environnement ou encore l'agriculture. Par exemple la société Télé-Irrigation a développé

---

1. Il s'agit du Bénin, du Burkina Faso, du Burundi, de la Côte d'Ivoire, du Cameroun, des Comores, du Congo, de Djibouti, de l'Érythrée, de l'Éthiopie, du Gabon, de la Guinée, de la Guinée-Bissau, du Lesotho, du Liberia, du Mali, de Madagascar, de la Mauritanie, du Mozambique, du Niger, de la République démocratique du Congo, de la République centrafricaine, du Rwanda, de la Sierra Leone, de la Somalie, du Tchad, de la Tanzanie et du Togo. Dans le lot des pays ayant la plus faible connectivité figurent des nations très peuplées comme l'Éthiopie (94 millions d'habitants), la République démocratique du Congo (68 millions) et la Tanzanie (49 millions), avec un taux moyen de connexion de 2,6 %.
2. Michel de Grandi, « Pourquoi l'Afrique peine à accélérer sa transformation économique », art. cit.
3. Sébastien Dumoulin et Fabienne Schmitt, « L'Afrique a basculé dans le financement de l'innovation », *Les Échos*, 24 mai 2018, p. 11.

une innovation qui déclenche à distance l'irrigation des sols depuis son mobile Orange. Grâce à cette plateforme, l'entreprise a immédiatement accès à des milliers d'utilisateurs dans le domaine agronomique.

Les capitaux déployés dans la technologie en Afrique se sont décuplés entre 2012 et 2016 passant à 560 millions de dollars[1]. Le continent est en train de vivre un moment de bascule pour financer les start-up. Le rythme s'accélère et devrait dépasser le milliard de dollars en 2020. De nombreux fonds de capital risque se lancent dans l'aventure sur cette terre souvent vierge de toute technologie. Les entrepreneurs ne cherchent pas à créer le futur Google africain, mais à trouver des solutions pertinentes et technologiquement innovantes pour résoudre les problèmes du quotidien[2]. Tous ces nouveaux entrepreneurs n'ont pas toujours conscience qu'ils se font aider dans leur vie quotidienne par une intelligence artificielle. Des projets comme irriguer avec agilité des champs d'oliviers et économiser l'eau en Tunisie, apprendre le français en Éthiopie, surveiller la santé des bébés en analysant leurs cris au Nigeria, répondre à distance aux questions des femmes pendant leur grossesse au Cameroun… sont rendus possibles grâce aux nouvelles technologies. Ces différents usages racontent une nouvelle réalité africaine.

Il est frappant de constater que les habitants d'Afrique subsaharienne ont un taux d'accès à l'électricité de seulement un tiers. Plus de la moitié des investissements dans la quatrième révolution industrielle se concentrent sur quelques États : le Nigeria, le Kenya, le Ghana et l'Afrique du Sud, ainsi que l'Afrique du

---

1. Anne Drif, « Partech veut se faire un nom dans la tech africaine », *Les Échos*, 18 janvier 2018, p. 28.
2. Laure Belot, « L'Afrique dopée par l'intelligence artificielle », *Le Monde Science & Médecine*, 20 juin 2018, p. 1.

Nord (Tunisie, Maroc et Égypte). L'enjeu est de les élargir à tous les pays du continent. Au Maghreb, les compétences sont là, alors qu'en Afrique subsaharienne tout reste à faire. Si rien ne change, l'essentiel de la valeur ajoutée échappera à la majorité des pays africains et le continent sera condamné à importer clé en main ces nouvelles technologies. Des écoles de code et de formation à ces nouvelles technologies doivent s'ouvrir aux jeunes. Des exemples de réussite existent, mais ne concernent que quelques milliers de candidats, alors qu'il en faudrait des dizaines de milliers. Pour le moment, les étudiants africains en IA se forment à l'étranger, mais peu retournent au pays. Les données massives issues du continent africain, carburant des algorithmes de l'IA, sont au centre de toutes les convoitises notamment de grands groupes internationaux privés d'Internet ou de téléphonie[1]. On pourrait assister à une autre forme de cybercolonisation avec la captation de la valeur et de la compétence par les institutions étrangères.

Le débat reste ouvert sur les bienfaits des nouvelles technologies sur l'industrie ou, au contraire, sur leurs méfaits sur le marché de l'emploi : la fameuse destruction créatrice de Schumpeter. De nombreux gouvernements africains continuent à décourager la diffusion des nouvelles technologies au lieu de saisir les opportunités. Dans ce domaine, on peut encore plus parler d'Afrique à deux vitesses. Les banques et les investisseurs valorisent peu les actifs immatériels et préfèrent se cantonner à des activités plus classiques et moins risquées. Souvent, pour grandir, les start-up sont obligées de se vendre… Sans compter que créer une start-up en Afrique relève du parcours du combattant. L'instabilité du cadre réglementaire et fiscal ne favorise pas ces jeunes pousses victimes d'une bureaucratie titanesque[2].

---

1. *Ibid.*, p. 3.
2. Sébastien Dumoulin et Fabienne Schmitt, « L'Afrique a basculé dans le financement de l'innovation », art. cit.

Chaque État fonctionne avec ses propres règles sans intégration globale du continent. L'Afrique de l'Est semble plus ouverte et plus efficace pour soutenir les entrepreneurs.

Une nouvelle classe urbaine et connectée émerge malgré tout. Le nombre de hubs dédiés à la tech, dont les premiers ont été financés par Google, a doublé en Afrique, pour atteindre 300 aujourd'hui. L'économie africaine, largement informelle, se structure *via* le numérique. Des start-up digitalisent le secteur marchand, au moyen de services de paiement mobile, le mode de facturation le plus utilisé dans le commerce quotidien et les transports. Grâce à la traçabilité offerte par l'enregistrement en ligne des comptes, par exemple, des start-up permettent à des milliers de petits commerçants sur le continent d'assurer un suivi de leur clientèle et d'organiser leurs stocks et la logistique associée. Des réseaux de transport s'organisent *via* la géolocalisation et le paiement mobile de tickets. De même, la consommation d'énergie dans les zones reculées passe de plus en plus par des rechargements mobiles à la journée.

Meltwater, une multinationale suédoise, a créé en 2018 au Ghana le plus grand incubateur africain, MEST (Meltwater Entrepreneurial School of Technology), qui a commencé à s'implanter ailleurs sur le continent pour faire émerger les entrepreneurs les plus prometteurs[1]. MEST propose une formation en ingénierie informatique et en entrepreneuriat, des fonds d'amorçage et un incubateur. Chaque année, plusieurs candidats venus de divers pays du continent sont sélectionnés pour rejoindre un programme intensif d'un an qui aboutit au lancement d'une société. Tout est pris en charge. Les participants bénéficient d'une bourse complète et n'ont pas à se soucier d'avoir un salaire pendant cette année-là. Les

---

1. Anaëlle Grondin, « L'ambition panafricaine de l'incubateur MEST », *Les Échos*, 22 juin 2018, p. 24.

projets les plus brillants sont alors financés par le fonds d'amorçage de MEST, qui investit des sommes allant de 50 000 à 200 000 dollars. Au total, 20 millions de dollars ont été investis par MEST depuis 2008. Ces jeunes entreprises rejoignent ensuite l'un des incubateurs du réseau pour s'y développer. Cette initiative est encourageante mais reste largement insuffisante à l'échelle du continent. D'autres projets doivent être lancés avec le soutien et le financement de l'Europe.

Jumia, l'entreprise de commerce en ligne qui opère sur quatorze pays du continent, se rêve en Amazon africain[1]. L'exemple de cette entreprise montre que l'Internet business n'est pas tous les jours aussi facile qu'en Europe. Dans les villes africaines, dont beaucoup de rues n'ont pas de nom, la livraison de la marchandise relève parfois du parcours du combattant. Parce que les Africains n'ont pas de carte de crédit, Jumia redoute les fraudes : plus des deux tiers des acheteurs règlent en espèces à la livraison ou grâce au paiement mobile. Infrastructures déficientes, problème de sécurité, sous-bancarisation, faible pénétration d'Internet : la complexité est au cœur de ces nouveaux métiers. Jumia rassemble plusieurs sites, de la réservation d'hôtel (Jumia Travel) à la livraison de repas (Jumia Food). Le gros du chiffre d'affaires provient de Jumia Mall, un portail de commerce en ligne par lequel ont transité 8 millions de colis en 2017. Pour autant, la rentabilité demeure très lointaine, en raison de la crise de croissance mal gérée. La faute revient surtout aux coûts logistiques. Sur le continent, le déficit d'infrastructures fait exploser le prix du transport de marchandises, cinq fois plus élevé qu'au Brésil ou au Vietnam. Un tiers des Africains vivent à près de deux kilomètres d'une route bitumée. Jumia a été classée en 2017 par le Massachusetts Institute

---

1. Marie de Vergès, « Jumia se rêve en Amazon africain », *Le Monde*, 16 avril 2018, p. 2.

of Technology (MIT) parmi les cinquante entreprises les plus innovantes au monde. Le groupe a gagné le titre de « licorne africaine », valorisé à plus de 1 milliard de dollars. Pour le moment, l'Afrique n'est pas la priorité des GAFAM, qui laissent le champ libre pour les entreprises innovantes. Mais le risque existe qu'une grande partie des talents africains quitte le continent pour aller trouver de meilleures rémunérations et un environnement plus favorable en Europe ou aux États-Unis.

Même si les gouvernements africains corrompus ne brillent pas par leur capacité à construire des routes, à fournir l'électricité, les smartphones, les panneaux solaires, les villages reliés au réseau wi-fi pourraient compenser ces défaillances[1]. Les technologies ne peuvent pas empêcher ces mêmes dictateurs de manipuler les élections, mais elles peuvent au moins les rendre plus transparentes. Les problèmes de l'Afrique peuvent être source d'innovation et le retard pris dans les infrastructures peut être en partie comblé par le numérique.

---

1. *The Economist*, « Le résistible bond high-tech africain », *Les Échos*, 13 novembre 2017, p. 11.

Conclusion

UN AVENIR MOINS FLORISSANT QUE PRÉVU[1]

L'afro-optimisme a changé le regard porté sur le continent tant à l'intérieur qu'à l'extérieur. Il a notamment contribué à une vague de retours de la diaspora africaine, ces élites qui ont étudié et réussi à l'étranger[2]. Leur expertise joue un rôle majeur dans le renouveau de l'Afrique. Mais cet enthousiasme pourrait être mis à mal par le ralentissement mondial actuel.

La trajectoire de croissance du continent est en train de s'infléchir. Philippe Chalmin, spécialiste des matières premières et président de Cyclope (rapport 2017), affirme que le retournement devrait durer longtemps, au moins jusqu'à la fin de la décennie, voire un peu plus. Après des années d'exubérance, on perçoit un changement d'atmosphère qui contraint certains opérateurs à revoir leurs plans d'investissement. Un ralentissement des importations chinoises en provenance d'Afrique se fait maintenant sentir. Ce mouvement a eu pour conséquences la chute des monnaies des pays producteurs et un affaiblissement des prévisions de croissance. Les prêts accordés ont été réalisés en devises étrangères (dollar et euro) dont la valeur s'est envolée avec la baisse des monnaies africaines. Les taux de ces emprunts flambent avec la dégradation de la situation économique et de la note souveraine par les agences de notation. Dans la période d'euphorie, certains pays ont utilisé la dette comme une sorte de revenu. L'Afrique renoue avec un

---

1. Jean-Luc Buchalet, *Le Capitalisme et les 7 péchés capitaux*, *op. cit.*, p. 164.
2. Sylvie Kauffmann, « Afrique, allers-retours », art. cit., p. 27.

endettement massif, proche de ce qu'il était avant les annulations de 2006. Certains investisseurs craignent le retour aux heures sombres des années 1980 et 1990.

Les derniers déboires du Mozambique, l'un des dix pays les plus pauvres au monde, qui avait emprunté 1,9 milliard d'euros, en toute opacité, pour acheter du matériel militaire, illustre parfaitement la fuite en avant de certains pays africains[1]. Devenu le favori des pays donateurs, le Mozambique, avec ses immenses réserves de gaz découvertes en 2010, avait vu affluer les investisseurs dans sa capitale, Maputo. Les chiffres donnaient le tournis : le FMI prévoyait une croissance de 24 % à l'horizon 2021. Le mythe du « boom africain » a alors gagné du terrain : Christine Lagarde, directrice générale du FMI, s'affichait en mai 2014 aux côtés de l'ancien président, Armando Guebuza, aujourd'hui au cœur du scandale[2]. La mode était alors à la dette des pays émergents. Les banques commerciales des pays riches affluaient. Elles avaient bien fait leur travail de publicité auprès d'investisseurs occidentaux crédules à la recherche de rendements élevés en vantant ce nouvel eldorado africain. Le gouvernement, enivré par les futures recettes du gaz, s'était engouffré dans l'émission d'emprunts douteux garantis par l'État, sans apparaître dans les comptes publics, pour acheter des embarcations et du matériel de défense. Aujourd'hui le FMI et les bailleurs de fonds voient rouge. Les soupçons de détournement sont de plus en plus évidents.

L'Afrique est-elle en train de renouer avec ses mauvaises habitudes ? Le nombre de pays africains surendettés a doublé depuis 2013 pour passer à quatorze[3]. Une situation

---

1. Adrien Barbier, « Le Mozambique se voit privé d'aide internationale pour avoir caché des dettes », *Le Monde*, 7 mai 2016, p. 5.
2. *Ibid.*
3. J. H.-R., « L'Afrique et le spectre de la crise de la dette », *Les Échos*, 12 mars 2018, p. 10.

difficilement tenable, alors que les taux d'intérêt sur le continent sont beaucoup plus élevés que dans le reste du monde. Dans cette période de remontée des taux d'intérêt aux États-Unis, on assiste à des sorties massives d'argent qui quitte les pays émergents pour trouver refuge sur le dollar avec un meilleur rapport risque sur rendement. Pour les banques, il est plus facile d'acheter des obligations d'État que d'évaluer la solidité financière d'une entreprise à qui l'on demande de payer des taux d'intérêt de 20 à 30 %. En liant le sort des banques à celui des gouvernements, l'ensemble du système financier risque d'être affecté.

RALENTISSEMENT[1]

L'Afrique va-t-elle retomber dans les ornières passées ? Sa capacité de résistance face à la crise des subprimes semble aujourd'hui épuisée[2]. Une lente et timide reprise est malgré tout à l'œuvre sur le continent avec le redressement des cours du pétrole qui ont atteint un plus haut niveau depuis quatre ans, dopés par les tensions entre les États-Unis et l'Iran. Mais ce rebond reste insuffisant pour effacer tous les dégâts engendrés par la crise de 2014-2016. Les estimations de la Banque mondiale donnent une progression du PIB de l'Afrique subsaharienne de 2,7 % en 2018, après 2,3 % en 2017[3]. Ce surplus de croissance est le bienvenu mais reste largement insuffisant pour faire redémarrer la machine et surtout au regard de la progression de la population de 2,6 % par an, ce qui

---

1. Jean-Luc Buchalet, *Le Capitalisme et les 7 péchés capitaux*, *op. cit.*, p. 167.
2. Claire Guélaud, « Avis de gros temps sur l'Afrique », *Le Monde*, 10 novembre 2015, p. 6.
3. Notre chiffre moyen est légèrement meilleur que celui de la Banque mondiale avec +3,1 % pour 2017.

correspond au final à une progression du PIB par habitant quasiment nulle !

Les effets déstabilisateurs de la crise des matières premières sont plus ou moins marqués selon les pays : la Côte d'Ivoire, l'Éthiopie, le Rwanda, le Maroc, la Tanzanie… Ces pays, en phase de rattrapage et dont la croissance n'est pas trop dépendante des ressources minières ou des hydrocarbures, devraient poursuivre leur chemin sans trop de dommages en l'absence de troubles politiques majeurs, mais leur poids est minoritaire dans le PIB africain (19 %). Le deuxième groupe de pays (43 % du PIB), qui rassemble les pays dont la croissance a été forte ces dernières années, traverse une période de grande instabilité. Il s'agit de l'Angola, de la République démocratique du Congo, du Nigeria ou encore de la Zambie. Leurs économies peu diversifiées restent largement liées aux prix des matières premières et doivent régler de graves problèmes de sécurité. Le dernier groupe (38 % du PIB) est constitué des pays dont la croissance est modérée, notamment rapportée à l'accroissement de la population : l'Afrique du Sud, Madagascar et les pays ébranlés par le Printemps arabe (Égypte, Libye et Tunisie)[1]. Au final, la croissance moyenne du continent devrait donc ralentir.

De nombreux économistes annoncent que le XXIe siècle sera africain ou ne sera pas. Le continent abritera plus d'un quart de la population mondiale en 2050 et près de la moitié en 2100, ce qui en fera le bassin de population le plus important de la planète, largement devant l'Inde et la Chine, qui entament leur déclin démographique. Malgré ce dynamisme démographique, de nombreux freins au développement africain sont présents.

---

1. Chloé Hecketsweiler, « Les "lions" africains n'ont pas fini d'avancer », *Le Monde*, 20 mai 2016, p. 21.

Les difficultés dans le transport, secteur stratégique, persistent[1].
Le creusement des inégalités constitue aussi un frein considérable au développement avec des paysans dépossédés de leurs terres, des problèmes de santé et la montée des extrêmes religieux. Tous ces obstacles sont surmontables mais risquent d'obérer à plus long terme la croissance africaine si la gouvernance n'est pas fondamentalement modifiée.

Paradoxalement, les nouvelles technologies et tout particulièrement les téléphones portables pourraient devenir le creuset d'une radicalisation du continent[2]. De plus en plus d'Africains sont en contact avec le monde, par les réseaux sociaux et la diaspora. Le manque cruel d'infrastructures et de moyens de transport les empêche de se déplacer facilement et de manière sûre, alors qu'ils peuvent en un clic de leur téléphone portable contacter leurs proches à moindre coût. Ils ont accès à l'information et le risque de frustration ne peut que s'accentuer. Les réseaux sociaux ont favorisé les révolutions arabes et la chute rapide de certains dictateurs en Afrique noire. Les inégalités et la marginalisation de certains groupes sociaux sont aujourd'hui ressenties avec beaucoup d'acuité. « Le chômage massif de jeunes à demi scolarisés constitue, bien avant l'endoctrinement djihadiste, la première explication de l'effondrement dramatique de pays tels que l'Afghanistan, la Syrie, le Yémen, l'Irak », estime Serge Michailof, auteur du livre *Africanistan*[3]. À l'image de ces pays du Moyen-Orient, la dégradation de la zone sahélienne pourrait aussi dégénérer, avec un cocktail explosif de drames humanitaires et de désastres environnementaux,

---

1. Yann Plougastel, « Afrique l'envol », *Le Monde*, numéro spécial, 2015, p. 3.
2. Thierry de Montbrial et Philippe Moreau Defarges, *Ramsès 2015. Le Défi des émergents*, Dunod, 2015, p. 277.
3. Cité dans Julien Damon, « L'Afrique, un chaos potentiel aux portes de la France », *Les Échos*, 21 novembre 2015, p. 14.

d'attaques terroristes entraînant la migration de populations inassimilables vers l'Europe, et notamment vers la France[1].

L'incapacité du pouvoir central à redistribuer les fruits de la croissance entre les grandes villes et les territoires les plus marginaux très peuplés est une mauvaise nouvelle pour la croissance potentielle de l'Afrique. 80 % de la population du Sahel vit dans des zones rurales totalement oubliées. Une majorité de la population subsaharienne n'a même pas accès aux services sanitaires de première nécessité. Des trappes à pauvreté extrême se sont formées. Un cercle vicieux s'enclenche et le manque de revenus des parents pauvres pèse sur les chances de réussite de leurs enfants. La simple croissance économique ne suffit donc pas à enrayer les écarts de richesse. La lutte contre la pauvreté est indissociable d'une lutte contre l'inégalité. L'investissement dans la santé, dans l'éducation et la formation est essentiel pour sortir de ce cercle vicieux. C'est un travail de longue haleine car les retombées économiques de ce genre d'investissements mettent du temps à se concrétiser. Ils sont donc secondaires dans l'agenda court-termiste des dirigeants. Ils considèrent qu'ils se font au détriment des investissements dans les infrastructures aux résultats immédiats et visibles sur la croissance. Pourtant, l'investissement dans le capital humain est l'un des facteurs essentiels d'une croissance inclusive et durable. La priorité de l'Europe est d'investir massivement dans ce domaine en Afrique.

UNE TRAJECTOIRE OUVERTE

Pour comprendre la trajectoire future de l'Afrique, intéressons-nous au cheminement du monde au cours du XXe siècle.

---

1. Jean-Luc Buchalet, *Le Capitalisme et les 7 péchés capitaux*, *op. cit.*, p. 172.

« Chaque point de l'histoire est un carrefour. Si une seule route empruntée mène du passé au présent, d'innombrables embranchements conduisent au futur[1]. » Il est fréquent que l'histoire prenne des chemins de traverse[2]. L'extrême complexité du monde rend l'exercice de prévision particulièrement ardu pour l'Afrique car la planète vit une incroyable période d'accélération de son histoire. Intelligence artificielle, robotique, transhumanisme, démondialisation… le capitalisme est à bout de souffle.

Au tout début du XXe siècle, l'orthodoxie libérale dominait le monde. Avec la première révolution industrielle, elle était la grande gagnante de la mondialisation. Les libéraux étaient convaincus du bien-fondé de leur doctrine et avaient une grande confiance dans leur puissance[3]. Les échanges mondiaux étaient à leur apogée grâce à la machine à vapeur et à la révolution dans les transports. Les humanistes libéraux issus des Lumières étaient convaincus que le monde jouirait d'une paix et d'une prospérité sans précédent si les individus disposaient d'un maximum de liberté pour s'exprimer. Après la Première Guerre mondiale, premier conflit planétaire disposant de la puissance industrielle qui fit un nombre considérable de morts (18,6 millions), la pensée libérale fut en état de choc. Dans les décennies qui suivirent, elle essuya le double assaut des idéaux socialistes et de la droite réactionnaire. L'humanisme évolutionniste frappait à droite : racistes et fascistes reprochaient au libéralisme humaniste comme au socialisme de subvertir la sélection naturelle et de causer la dégénérescence de l'humanité. De la Première Guerre mondiale à la chute du mur de Berlin en 1989, des régimes

---

1. *Ibid.*, p. 282.
2. *Ibid.*, p. 268.
3. Yuval Noah Harari, *Homo deus. Une brève histoire de l'avenir, op. cit.*, p. 286.

communistes et fascistes ont pris le pouvoir dans de nombreux pays. La Seconde Guerre mondiale débuta en 1939 sous la forme d'un conflit entre les puissances de l'alliance libérale et les puissances de l'axe de l'Allemagne nazie. Il ne fallut que trois mois à l'Allemagne en 1940 pour asséner un coup massif à l'alliance libérale, et occuper quasiment la totalité de l'Europe de l'Ouest. Seule la Manche épargna au Royaume-Uni un semblable destin. Les Allemands ne furent finalement battus qu'après l'alliance des pays libéraux avec l'Union soviétique et l'intervention des États-Unis. Pourtant, le crédit de la victoire sur le nazisme revint largement au communisme qui fut le grand bénéficiaire du conflit, alors que sans les Américains et leur puissance financière et technologique, l'issue de la guerre aurait été certainement différente. Au début du conflit, l'Union soviétique, qui avait signé un pacte de non-agression avec les nazis, était considérée comme un paria communiste isolé. À l'issue de la guerre, elle est devenue l'une des deux superpuissances mondiales à la tête d'un empire en pleine expansion, le seul capable de contrer les États-Unis. L'Europe orientale devint un satellite de l'Union soviétique. Encore plus à l'Est, le Parti communiste chinois sortit vainqueur d'une guerre civile fratricide. Mao imposa sa doctrine à l'empire du Milieu et à certains de ses satellites en Indochine et en Corée. Les États-Unis étaient en proie à une vague d'hystérie anticommuniste. Les mouvements révolutionnaires et anticoloniaux du monde entier s'alliaient avec Moscou et Pékin. Les empires coloniaux s'effondraient. Ils furent remplacés par des dictatures ou des régimes socialistes. Les pays africains se déchirèrent par puissances interposées, comme en Indochine, l'Union soviétique et les États-Unis leur enjoignant de choisir leur camp.

Khrouchtchev, le premier secrétaire du Parti communiste, affirmait devant l'Occident libéral : « Que cela vous plaise ou non, l'histoire est de notre côté. Nous allons vous enterrer ! » Dans les années 1960-1970, le mot « libéral » devint une insulte dans bon nombre d'universités occidentales et parmi la majorité des intellectuels. L'Amérique du Nord et l'Europe connurent de nombreux troubles sociaux. Le *Petit Livre rouge* de Mao devint la référence des étudiants de la Sorbonne, de Cambridge et de la République populaire de Berkeley. Le portrait du Che s'étalait partout dans les dortoirs des étudiants. 1968 fut le point d'orgue de toute cette contestation du modèle libéral. En 1970, le monde qui bénéficiait pourtant d'une croissance époustouflante comptait 130 pays indépendants, mais seulement 30 démocraties libérales, la majorité cantonnée en Europe de l'Ouest. Même l'Inde, qui s'était engagée sur la voie libérale au moment de son indépendance, pencha du côté de l'Union soviétique. Paradoxalement, un nombre réduit de pays africains tomba directement ou indirectement dans l'escarcelle de l'Union soviétique (9 pays sur 54), dont l'Algérie, le Bénin, la République du Congo, l'Angola, le Mozambique, Madagascar, la Somalie, l'Éthiopie et l'Érythrée (anciennement rattachée à l'Éthiopie). Le camp libéral essuya l'une de ses défaites les plus humiliantes avec la chute de Saigon, du Laos et du Cambodge en 1975. Nombreux étaient ceux qui anticipaient l'effondrement de l'empire américain. « La démocratie libérale ressemblait de plus en plus à un club fermé pour impérialistes blancs vieillissants qui n'avaient pas grand-chose à offrir au reste du monde, ni même à leur propre jeunesse », affirme Yuval Noah Harari dans son livre *Homo deus*. Comme par effet de domino, l'Inde d'Indira Gandhi déclara l'état d'urgence en juin 1975. La plus grande démocratie du monde fut sur le point de devenir une dictature socialiste de plus. Washington se voulait le leader du monde libre, mais la plupart de ses alliés étaient soit des rois autoritaires (Khaled d'Arabie saoudite, Hassan II du Maroc et le Shah d'Iran), soit des dictatures militaires (les colonels grecs, le général Pinochet au Chili, le général Franco en Espagne, le général Park en Corée du Sud, Tchang Kaï-chek à Taïwan, le général Geisel au Brésil, Marcos aux Philippines, Suharto en Indonésie, le général Mobutu au Zaïre, Idi Amin Dada en Ouganda...). Abritée derrière le parapluie de la bombe atomique, la démocratie libérale a réussi à tenir ses derniers bastions. « Sans ogives nucléaires, il n'y aurait eu ni Beatles ni Woodstock, ni supermarchés pleins à craquer[1]. » Au début des années 1980, la démocratie libérale s'extirpa des poubelles de l'histoire et sortit victorieuse de la guerre froide. Le supermarché se révéla bien plus fort que le goulag. Dans les années 1980, les régimes autoritaires de l'Europe du Sud, et les dictatures militaires d'Asie de l'Est et d'Amérique latine s'effondrèrent et laissèrent la place à des gouvernements démocratiques. Après la chute du mur de Berlin en 1989 et la chute du communisme, certains théoriciens du capitalisme ont cru à la fin de l'Histoire (thèse de l'universitaire américain Fukuyama). La disparition de l'Union soviétique a suscité un triomphalisme aveugle faisant la preuve de la supériorité incontestable du système capitaliste qui a gagné faute de combattants. La démocratie libérale a fait alors figure d'horizon politique indépassable[2]. Le libéralisme emporta une victoire décisive dans la guerre froide et sortit triomphant mais affaibli des guerres de religions humanistes. Quelqu'un qui aurait quitté l'Europe au début du XXe siècle et se serait retrouvé brusquement projeté au début du XXIe siècle n'aurait jamais imaginé les chemins de traverse empruntés par l'humanisme libéral pour atteindre son apogée. Aujourd'hui, l'humanisme libéral se trouve à nouveau fragmenté et les

---

1. *Ibid.*, p. 289.
2. Alain Frachon, « Le nouveau front idéologique », *Le Monde*, 12 décembre 2014, p. 23.

analogies avec les années 1930 sont nombreuses. Ce n'est pas une bonne nouvelle pour la démocratie. Après des années de néolibéralisme, qui ont détruit beaucoup d'acquis sociaux de la démocratie libérale, le populisme pointe son nez partout sur la planète. Comme dans les années 1930, l'illibéralisme s'étend sur de nombreux territoires et notamment en Europe de l'Est.

Plusieurs contraintes pèsent sur le devenir de l'Afrique et laissent la place à de nombreux développements qui probablement nous surprendront. Les experts qui avaient prévu la chute du communisme se comptent sur les doigts de la main. L'histoire nous a montré que même les sociétés les plus riches et les plus avancées technologiquement pouvaient être confrontées à des crises environnementales et économiques très destructrices. Assez communément, les économistes et scientifiques pensent qu'il suffit de transmettre la connaissance à un public ignorant pour changer sa façon de comprendre les choses et modifier ses comportements[1]. Cette approche ne suffit pas. Le paradoxe est que, plus les démographes démontrent les effets délétères de la bombe démographique africaine, notamment sur la pauvreté, l'immigration et le réchauffement climatique, moins les gens semblent préoccupés par ces questions. La distance nous fait envisager ce problème comme quelque chose de lointain. Les images catastrophiques sur la famine et le réchauffement climatique dans certains pays africains, trop anxiogènes, conduisent notre cerveau à éviter totalement le sujet. Vient ensuite le déni : on fait comme si on ne savait pas. À force de voir des catastrophes, notre cerveau s'habitue. La peur et la culpabilité diminuent, et, à la fin, on ne prête même plus attention

---

1. Per Espen Stoknes, « À force de voir des catastrophes, l'esprit s'habitue », propos recueillis par Nicolas Santolaria, *Le Monde L'Époque*, 21 octobre 2018, p. 6.

lorsque l'on nous parle de la fin du monde ou des inondations et des sécheresses. Nous finissons par considérer les diffuseurs d'alertes, ceux qui sonnent l'alarme, comme des oiseaux de mauvais augure, des fous, des marchands de malheur, des empêcheurs de tourner en rond… Les populistes avec leurs solutions simplistes finissent par l'emporter. Ils disent ce que les gens ont envie d'entendre.

Aujourd'hui, le libéralisme et la social-démocratie se trouvent confrontés à de nouveaux modèles politiques émergents. La Chine de Xi Jinping et la Russie de Poutine proposent une solution alternative au libéralisme, à l'individualisme, à l'État de droit et au multilatéralisme. Ce nouveau modèle politique séduit de nombreux pays d'Afrique, bénéficiant de l'appui de la Chine qui accapare au passage les ressources naturelles. Avec le président américain, la mondialisation ne disparaît pas, elle se transforme en un immense champ de bataille bilatéral, où les États-Unis défendent coûte que coûte leurs intérêts au détriment des autres pays et de l'Afrique en particulier. Pour Donald Trump, promoteur du projet l'« Amérique d'abord », l'Afrique et les alliés européens ne comptent plus. La qualité de partenaire stratégique historique ne vaut à l'Europe aucune considération particulière. Seuls ceux qui se soumettent sont récompensés[1].

La guerre commerciale lancée par Washington contre la Chine a peu de chances de s'affaiblir. Au petit jeu des surenchères en surtaxes douanières lancées par Donald Trump, Pékin ne pourra pas survivre bien longtemps[2]. La raison en est simple : ses importations de produits américains sont quatre

---

1. Alain Frachon, « Pour Trump, l'Europe doit céder », *Le Monde*, 8 juin 2018, p. 8.
2. Frédéric Schaeffer, « Face à Trump, la Chine se prépare à une guerre froide », *Les Échos*, 6 septembre 2018, p. 7.

fois moindres que les 506 milliards de dollars de marchandises chinoises exportées chaque année aux États-Unis, et que le président américain n'exclut pas de surtaxer en totalité. Ce conflit risque fort d'affaiblir la croissance de l'empire du Milieu et, par ricochet, d'entraîner la baisse du prix des matières premières. La croissance africaine étant très liée à ce prix, la guerre commerciale ne manquera pas de l'affecter. L'offensive américaine ne doit pas être considérée comme une seule volonté de réduire son déficit commercial, mais comme une stratégie globale visant à contenir la montée en puissance de la Chine sur la scène mondiale, et mettre un frein à ses projets d'hégémonie. Le conflit commercial n'est qu'un prétexte. Le monde doit se préparer à une nouvelle guerre froide. Les inquiétudes de Pékin ont relégué au deuxième plan la lutte contre l'excès d'endettement du pays à l'heure où la dette chinoise dépasse déjà les 280 % du PIB. Graham Allison, professeur à Harvard, explique que, lorsqu'une puissance émergente est venue contester une puissance établie, cette dernière lui a souvent fait la guerre sous la contrainte de la peur[1]. Depuis la Renaissance, le piège s'est refermé à douze reprises, notamment quand la puissance allemande émergente a défié le Royaume-Uni au début du XXe siècle. Espérons que le conflit sino-américain restera cantonné à une guerre économique.

Cette rivalité est certainement le grain de sable qui risque d'affaiblir longtemps la croissance mondiale. À l'exception de l'Inde, les BRIC comme de nombreux pays émergents (Turquie, Argentine, Indonésie, Venezuela…) sont entraînés dans la tourmente avec, en plus, un effondrement de leurs monnaies face au dollar.

---

1. Frédéric Schaeffer, « Pourquoi la guerre États-Unis-Chine ne fait que commencer », *Les Échos*, 17 octobre 2018, p. 9.

Un torrent de liquidités a été déversé *via* les banques centrales sur l'économie mondiale à l'exception de l'Afrique qui n'a récupéré que des miettes. Le monde croule sous les dettes. En dix ans, l'endettement mondial total a bondi de plus de 70 % rendant l'économie mondiale plus vulnérable. Les politiques monétaires ultra-accommodantes déployées par les banques centrales ont accéléré la tendance. Ces facteurs ont mené à une allocation de l'épargne mondiale particulièrement inefficace avec des taux d'intérêt anormalement bas. Des projets peu rentables deviennent finançables créant des bulles dans de nombreux domaines, notamment dans l'immobilier. Il est important de faire profiter l'Afrique de ce faible coût du capital pour encourager l'investissement et accélérer sa croissance.

La faillite de certains États a favorisé la montée de l'islamisme radical. Celui-ci menace sérieusement de nombreux pays du Sud et surtout le continent africain, bien qu'il n'ait rien à proposer concernant le monde futur en gestation, les nouvelles technologies, le réchauffement climatique… La révolution des technologies de l'information a tué les anciens dieux et donné naissance à de nouveaux. La religion des islamistes a définitivement perdu le contact avec la réalité et se prive de la capacité de comprendre les questions qu'elle se pose[1]. L'instabilité politique en Libye, au Sahel, au Nigeria, au Soudan du Sud, en Afrique centrale ou en Somalie… est une menace systémique pour l'Afrique et l'Europe aussi bien avec le terrorisme qu'avec le trafic des migrants. Notamment, l'instabilité croissante complique l'Alliance Sahel qui lutte contre le terrorisme et le crime organisé[2]. La force militaire qui regroupe le Niger,

---

1. Yuval Noah Harari, *Homo deus. Une brève histoire de l'avenir*, *op. cit.*, p. 292.
2. Virginie Robert, « Coopération difficile dans un Sahel toujours dangereux », *Les Échos*, 14 juin 2018, p. 7.

le Burkina Faso, le Mali, le Tchad et la Mauritanie est toujours en cours de constitution (G5 Sahel). Dans un territoire sahélien plus large que l'Europe, assurer concomitamment sécurité et développement s'avère extrêmement complexe. Des pans entiers du Mali, qui exporte son terrorisme vers les pays voisins, échappent au développement.

Dans ce monde de plus en plus chaotique, il est difficile d'avoir confiance dans le long terme, et nombreux sont les dirigeants qui pilotent à vue. Essayant de lutter contre cette vision à court terme, Emmanuel Macron a donné une vision de l'ancrage de l'Europe à l'Afrique. « La stratégie que je veux mettre en œuvre consiste à créer un axe intégré entre l'Afrique, la Méditerranée et l'Europe […]. C'est en Afrique que se joue largement l'avenir du monde. » Les destins des deux zones sont indubitablement liés. La réussite de l'Afrique sera celle de l'Europe ou ne sera pas. Le Maroc est à l'avant-garde de ce futur et donne un bon exemple de ce qu'il faut faire en termes économiques, même si l'on assiste à une régression en termes démocratiques. Le Maroc peut devenir la base arrière industrielle de l'Europe au même titre que l'Asie. Il a réintégré l'Union africaine en 2017 et développe des projets d'envergure, tels que la rocade atlantique qui va d'Agadir à Dakar[1].

L'Europe reste le premier investisseur du continent même s'il est en passe d'être rattrapé par la Chine. Mais tout cela est largement insuffisant. La bombe démographique africaine ne doit pas être une fatalité[2]. Si rien n'est fait, l'Europe sera

---

1. Aliko Dangote, Piero Fassino, Talal Abu Ghazaleh, Jean-Louis Guigou, Mehdi Houas, Pascal Lamy, Ibrahim Mo, Miguel Angel Moratinos et Stéphane Richard, « L'Europe doit résolument faire le choix de l'Afrique », *Les Échos*, 9 juin 2018, p. 12.
2. Gabriel Martinez-Gros, « La France exposée face aux migrations africaines », *Le Monde*, 12 juin 2018, p. 19.

confrontée à une vague migratoire durable. Aujourd'hui, le grand fossé démographique n'oppose plus le Nord et le Sud sauf en Afrique. Dans le monde, près de 80 % des familles ont désormais entre 1 et 3 enfants, alors qu'en Afrique subsaharienne, le taux de fécondité est en moyenne de 4,8 par femme. En dehors du continent, seuls trois pays se trouvent dans la même situation : le Timor oriental (5,3), l'Afghanistan (4,4) et l'Irak (4,2). Un pays chrétien et deux pays musulmans, par ailleurs en guerre. En Afrique, un taux de fécondité supérieur à 4,7 enfants est encore le cas le plus fréquent, à l'exception de l'Afrique australe avec une moyenne de 2,5. Les pays les plus dynamiques et les plus prospères voient leur taux de fécondité baisser. Le développement est bien la solution pour contenir la bombe démographique africaine. Même en supposant une baisse de la fécondité plus rapide que ne le prévoient les Nations unies, il faudra plusieurs décennies (trois ou quatre) avant que les rythmes démographiques africains ne rejoignent ceux d'Asie ou d'Amérique latine. La ligne de partage des disparités de la transition démographique coïncide avec celle des religions uniquement en Afrique : les « Sudistes » sont plutôt chrétiens, tandis que les « Nordistes » sont massivement musulmans[1]. Elle crée toutes les conditions d'une explosion future. Il est encore temps d'agir en Afrique subsaharienne pour éviter un désastre annoncé. La mise en place d'un planning familial efficace pourra peut-être infirmer l'hypothèse des démographes de 4,5 milliards d'individus sur le continent d'ici la fin du siècle (40 % de la population mondiale en 2100 contre 17 % aujourd'hui).

Le nombre de personnes qui ont faim a diminué durant les dernières décennies : il est passé en vingt-cinq ans de 1 milliard

---

1. *Ibid.*, p. 19.

à 821 millions en 2017, alors que la population mondiale a fortement augmenté[1]. L'état de l'extrême pauvreté est passé en deux siècles de 90 à 10 % aujourd'hui. Mais la faim et la malnutrition augmentent de nouveau : on est passé de 784 millions en 2015 à 821 millions de personnes aujourd'hui. 10,2 % de la population mondiale se trouvent en insécurité alimentaire grave (contre 8,7 % en 2015)[2]. L'Afrique paye le plus lourd tribut de cette nouvelle dégradation (29,8 % de la population du continent africain en 2017 contre 22,3 % en 2015). Pourquoi ? Le réchauffement climatique, la misère et les guerres en sont les principales causes. Les événements climatiques extrêmes, dus au réchauffement, affectent de plus en plus la capacité des populations à se nourrir. Pour le continent africain, les pertes de culture et d'élevage imputables à des catastrophes liées au climat (sécheresses, inondations et tempêtes) entre 2014 et 2015 sont estimées à près de 20 milliards de dollars. Les cas de famines aiguës, dues aux conflits et aux migrations forcées, augmentent aussi : de 80 millions à 124 millions de personnes en un an. L'influence des conflits sur la malnutrition s'explique facilement. Les paysans n'ont plus accès aux terres, à l'eau et aux pâturages. Sans ces problèmes d'accès aux ressources et de pertes de récoltes, l'Afrique aurait la capacité de nourrir tout le continent.

Les pays en guerre captent l'essentiel des fonds au détriment des autres régions du monde. Le Sahel, le Soudan, la Somalie, la Centrafrique, la République démocratique du Congo… et leurs environs sont particulièrement touchés par la faim. Au Malawi, par exemple, en Afrique australe, une hausse de la température de 1 degré Celsius fait reculer la consommation

---

1. Rémy Ourdan, « La faim est la pire crise humanitaire depuis la Seconde Guerre mondiale », *Le Monde*, 12 juin 2018, p. 6.
2. Rémi Barroux, « Le réchauffement aggrave la faim dans le monde », *Le Monde*, 12 septembre 2018, p. 6.

globale par habitant d'environ 20 % et la ration alimentaire de près de 40 %.

Avec la perte de ses territoires en Syrie et en Irak, l'organisation État islamique utilise le Sahel et le Nigeria pour infiltrer les vagues migratoires *via* les réseaux liés à Boko Haram au nord du Nigeria et Al-Qaida dans la zone sahélienne. Ces groupes terroristes ont une approche stratégique de ces régions. Ils utilisent la faim comme moyen de propagande et de recrutement[1]. Leur volonté est d'accentuer les vagues migratoires vers l'Europe pour les infiltrer. Les gens privés de nourriture sont vulnérables. À chaque fois que la faim augmente de 1 %, les migrations progressent de 2 %. La réponse de l'Europe doit bien sûr être sécuritaire, mais avant tout s'inscrire dans le développement durable. On ne peut plus se contenter de fournir de la nourriture. En moyenne 60 % de la population en Afrique vit de l'agriculture qui est caractérisée par une très faible productivité. Il faut, avec des fonds, réapprendre à ces populations l'autonomie et l'autosuffisance alimentaire grâce auxquelles le recrutement par les extrémistes diminue et les migrations aussi. Il faut promouvoir des agricultures paysannes et familiales, et garantir des financements aux pays les plus pauvres afin de permettre leur adaptation au changement climatique[2].

La stratégie à mettre en place doit puiser dans un certain nombre de mécanismes et d'institutions. Pour assurer la mobilité des capitaux entre les deux zones, la Banque africaine de développement (BAD), l'Agence française de développement (AFD) et la Banque européenne d'investissement (BEI) doivent être renforcées. Un partenariat économique entre l'UE et l'Afrique doit être instauré comme cela est le cas avec l'Organisation des

---

1. *Ibid.*, p. 6.
2. *Ibid.*, p. 6.

États américains (OEA). L'Europe doit proposer la création d'une banque euro-africaine de développement financée par la BEI, la BAD et le fonds européen de développement, et mobiliser les acteurs privés au travers de fonds d'investissement.

La mise en place d'un marché commun des États africains doit être la priorité absolue afin de favoriser les échanges commerciaux intra-africains et de revitaliser le tissu industriel. De nombreux freins au développement africain persistent. Le plus important est certainement l'insuffisance d'infrastructures, et avant tout dans le secteur de l'énergie. L'énergie est le moteur du développement. En 2015, près des deux tiers de la population n'avaient toujours pas accès à l'électricité[1], préalable indispensable à l'accès à l'eau potable, au développement de l'agriculture et de l'industrie, et à l'économie de la connaissance. La situation se détériore sous la pression démographique[2] : la population croît plus vite que l'équipement. Pour pallier ce manque d'électricité, des milliers de jeunes Africains vivent de la vente de recharges de batterie pour téléphones portables dans la rue. Les 620 millions de pauvres africains qui n'ont pas accès à l'électricité paient donc beaucoup plus cher cette énergie qu'un Occidental (10 dollars le kilowatt-heure, contre 0,12 dollar à New York et 0,13 à Paris). La consommation d'électricité par habitant en Afrique subsaharienne est de 180 kWh, contre 13 000 kWh par habitant aux États-Unis et 6 500 kWh en Europe. Le manque d'électricité est le principal frein au développement de l'industrie et des nouvelles technologies.

Grâce à l'électricité, les experts estiment que la croissance du continent pourrait doubler[3]. L'Afrique pourrait devenir

---

1. Jean-Louis Borloo, « Électrifions l'Afrique pour construire notre avenir », *Les Échos*, 16 mai 2015, p. 11.
2. *Le Monde Afrique*, 9 septembre 2015, p. 5.
3. Jean-Luc Buchalet, *Le Capitalisme et les 7 péchés capitaux*, *op. cit.*, p. 170.

un véritable relais de croissance pour l'Europe et le monde si les investisseurs lui en donnaient les moyens. Le continent a la capacité de devenir le réservoir énergétique de l'Europe, notamment dans les énergies renouvelables grâce à son immense potentiel dans le solaire, l'hydraulique, l'éolien et la géothermie. Le désert, avec l'implantation de centrales électriques solaires thermodynamiques, pourrait alimenter les pays du Nord en énergie propre. Le premier défi reste le manque d'argent. En effet, pour garantir l'accès de tous à l'électricité d'ici à 2025, il faudrait investir au moins 90 milliards de dollars par an. Une somme considérable[1].

L'initiative Scaling Solar lancée par la Banque mondiale est un « guichet unique » ayant pour objectif de mettre en service des centrales solaires photovoltaïques reliées au réseau électrique et financées par le secteur privé, à des tarifs concurrentiels. Après la Zambie qui devrait bientôt disposer de deux centrales solaires opérationnelles de 50 mégawatts chacune, le Sénégal s'est aussi rallié à cette initiative en signant un accord pour la mise en service d'une centrale solaire d'une capacité de 50 à 200 mégawatts d'énergie solaire photovoltaïque connectée au réseau[2]. En février 2016, le Maroc a fait figure de précurseur en inaugurant Noor, la septième centrale solaire thermodynamique la plus grande de la planète. Avec plus d'un demi-million de panneaux solaires répartis sur l'équivalent de 600 terrains de football, d'ici cinq ans, ce mastodonte de l'énergie renouvelable devrait pouvoir couvrir les besoins en énergie de plus de 40 % des foyers marocains[3]. Malgré le désir

---

1. Chloé Hecketsweiler, « Il y a de vraies raisons de croire en l'Afrique », *Le Monde*, 28 mai 2016, p. 3.
2. Eric Villateau, « Il y a de vraies raisons de croire en l'Afrique », *Les Échos Executives*, 21 décembre 2016.
3. Martin Lozniewski, « Énergie solaire : fardeau ou miracle pour l'économie africaine ? », *Les Echos.fr*, 5 juillet 2017.

de politiciens et d'industriels influents d'accélérer les construc-
tions de centrales solaires un peu partout sur le continent, cette
ambition ne peut faire oublier que toutes les conditions techniques (production, distribution, installation) doivent être réunies pour parvenir à intégrer cette nouvelle source d'énergie
dans des réseaux encore fragiles. Ce « new deal » donnera du
sens à l'avenir de l'Afrique… et de l'Europe. L'Afrique doit
devenir notre priorité. Le futur de l'Europe se joue en Afrique.

Annexes

Les racines des conflits ethniques en Afrique

ÉRYTHRÉE : UNE MOSAÏQUE DE NATIONS

Colonie italienne jusqu'à la Seconde Guerre mondiale, l'Érythrée passe ensuite sous administration britannique avant de faire partie d'un État fédéré avec l'Éthiopie. La décision de cette dernière d'annexer l'Érythrée et d'en faire une de ses provinces marque le début d'une guerre civile que livrent différents mouvements de libération, dont le Front populaire de libération de l'Érythrée (FPLE), à partir de 1970. Le conflit fait des centaines de milliers de morts et de réfugiés avant que le FPLE ne réussisse à s'imposer en 1991 avec la prise de la capitale, Asmara. La situation évolue rapidement en faveur de l'accession à l'indépendance qu'approuvent 99,8 % des électeurs lors d'un référendum tenu du 23 au 25 avril 1993. L'Éthiopie ne s'opposera pas à la sécession qui est proclamée le 24 mai 1993 en présence du président éthiopien Meles Zenawi. L'Organisation des Nations unies reconnaîtra rapidement le nouveau pays dont le gouvernement de transition, en place pour quatre ans, sera présidé par Issayas Afeworki.

Après la sécession de l'Érythrée, l'Éthiopie a longtemps été perçue comme un bastion de stabilité au cœur d'une Corne de l'Afrique tourmentée. Écartée par la main de fer du gouvernement, la « question des nationalités » a toutefois resurgi au premier plan. Elle opposait historiquement les élites des hautes terres de l'Abyssinie, amhara et/ou tigréenne, à la mosaïque de « nations, nationalités et peuples » jugés périphériques, dont les Oromo, qui représentent plus du tiers de la population (contre 6 % pour les Tigréens et un peu plus du quart pour les Amhara). Les Oromo se considèrent traités comme des citoyens de seconde zone. Ils accusent l'élite tigréenne de continuer de dominer en particulier l'armée et les services de sécurité ainsi que l'immense secteur économique public et parapublic, et d'avoir déployé partout une hiérarchie omniprésente, occulte mais *de facto* décisionnelle, et, très concrètement, d'être derrière les expulsions massives de terre pour faire place aux investisseurs[1].

En Éthiopie, la dimension ethnique est forte dans le conflit qui oppose les Oromo et les Amhara au régime éthiopien, mais c'est une erreur d'analyse que de réduire ces tensions à une question ethnique. Les Oromo, les Amhara et les Tigréens représentent chacun des groupes intrinsèquement hétérogènes.

SOUDAN DU SUD : UN CONFLIT RELIGIEUX

Dès l'indépendance du Soudan, ancien condominium anglo-égyptien, le Sud, animiste et chrétien, s'est révolté contre le Nord musulman. La frontière de l'ancien Soudan unifié datant de 1956 fut mal négociée, voire en certains endroits… pas négociée du tout. Lors de l'indépendance du Soudan du Sud, déclarée dans l'euphorie en juillet 2011, on a réitéré les mêmes erreurs : absolument tous les ingrédients

---

1. René Lefort, « En Éthiopie, la question des "nationalités" est devenue explosive », *Le Monde*, 29 décembre 2017.

ont été réunis pour faire de la nouvelle frontière entre le Sud et le Nord, longue de 1 800 km, un abcès de fixation conflictuel tout autant qu'une zone d'affrontements permanents. Dans la petite zone contestée d'Abyei, par exemple, transitent à la fois des hommes et leurs gigantesques troupeaux au gré des saisons, le long d'un affluent du Nil blanc essentiel pour les activités agraires et pastorales, le pétrole sud-soudanais qui, enclavé, doit déboucher au Nord pour pouvoir être exporté *via* la mer Rouge, etc. Ailleurs, c'est une voie de chemin de fer, une mine de cuivre, une zone pétrolifère qui font l'objet de litiges. Mais la querelle ne porte pas que sur des ressources ; l'indépendance du Soudan du Sud fut acquise après trois décennies de guerre civile, de famines organisées, de massacres, d'arabisation et d'islamisation forcées sous la férule des dictateurs au pouvoir au Nord.

La rivalité entre les deux Soudan a été largement financée par les ressources en pétrole. Ce n'est que lorsque sa production cesse à cause des combats, que, par retour, les combats s'épuisent. Juba, capitale du Sud, dispose d'un contrôle sur le débit supérieur du Nil blanc, instrument de pression éventuel sur le Soudan mais aussi sur l'Égypte, deux pays situés en aval. De plus, la rivalité entre les deux Soudan déborde de leurs frontières respectives : la Russie, la Chine et la Libye aux côtés de Khartoum (capitale du Nord), les États-Unis, l'Ouganda et Israël aux côtés de Juba. Les premiers redoutent d'autres fractionnements d'États souverains, les seconds voient dans le Soudan du Sud un bastion face à l'expansion de l'islam vers le sud de l'Afrique orientale. La sécession du Soudan du Sud fut en effet la deuxième seulement sur le continent africain depuis les indépendances, après celle de l'Érythrée en 1993. Or, dans les deux cas, elle provoqua une guerre. En pleine vague de déstabilisation au Sahel et dans la Corne de l'Afrique, il n'est pas sûr que l'imitation de ces deux modèles soit de bon augure[1].

Ainsi, au Soudan du Sud, le conflit qui, au départ, opposait les élites pour l'accès au pouvoir, s'est cristallisé autour de l'appartenance ethnique et d'une opposition entre Dinka et Nuer. Devenu effectivement ethnique, ce conflit trouve en réalité son origine dans des causes bien plus complexes.

Darfour : une opposition entre Arabes et Subsahariens

Le conflit a démarré entre 1987 et 1989. C'était alors une guerre civile aux causes multiples. La plus ancienne remonte à la politique agraire menée par le Royaume-Uni durant la colonisation. Toutes les terres du Darfour furent alors redistribuées selon des critères tribaux dont les nomades, qui ne possédaient pas de villages, furent automatiquement exclus. Lors de la grande période de sécheresse des années 1940-1980, le Sahara a progressé de quarante kilomètres vers le sud, repoussant les populations non sédentaires, qui prirent la direction des montagnes du djebel Marra, au centre du pays. S'ensuivit un conflit classique entre paysans et nomades : qui posséderait la terre la plus productive pourrait survivre à la sécheresse[2]. Héritière de cette histoire, la guerre civile au Darfour est un conflit armé qui touche depuis 2003 cette région située dans l'ouest du Soudan. Le conflit est présenté comme opposant les tribus « arabes » dont sont issus les Janjawids et les tribus

---

1. Frédéric Encel, « La chronique internationale », France Inter, 11 juillet 2012. https://www.franceinter.fr/emissions/la-chronique-internationale/la-chronique-internationale-11-juillet-2012.
2. Mahmood Mamdani, « Qui veut sauver le Darfour ? Un conflit aux implications régionales », *Le Monde diplomatique*, août 2009, p. 8.

« noires-africaines » non arabophones. Cette crise, qui a fait plusieurs dizaines de milliers de morts et transformé au moins un million de personnes en réfugiés, est intervenue dans une région marginalisée aux plans politique et économique, et où coexistent sédentaires et nomades.

En 2003 ont eu lieu les premières attaques rebelles contre les forces gouvernementales, lesquelles ont réagi en s'appuyant notamment sur les milices janjawids. En mars 2004, le coordinateur humanitaire de l'ONU au Soudan a déclaré que la situation dans la région soudanaise du Darfour était « la plus grande catastrophe humanitaire actuelle », et Jan Egeland (en charge des affaires humanitaires de l'ONU) évoquait à son tour un « nettoyage ethnique ». Le Conseil de sécurité de l'ONU a exigé le désarmement des Janjawids en trente jours. Le 31 juillet 2007 fut adoptée la résolution 1769, et la mission conjointe des Nations unies et de l'Union africaine (Minuad) fut chargée d'assurer la protection des civils et de restaurer l'État de droit.

RWANDA : UN GÉNOCIDE ETHNIQUE

Nous avons tous en tête le génocide rwandais, qui opposait deux ethnies : les Hutu et les Tutsi. D'avril à juillet 1994, entre 500 000 et 1 million de Rwandais périrent (800 000 selon l'ONU). En France, très tôt, ce conflit a fait l'objet de controverses sur le rôle qu'aurait pu jouer la France, mais surtout sur l'interprétation des causes du génocide.

La lecture ethnique est très rapidement venue se confronter aux lectures plus complexes sur les causes sociologiques, politiques, historiques et régionales du génocide. Selon cette première lecture, les Tutsi et les Hutu étaient destinés à s'affronter, et les massacres auraient résulté d'une opposition raciste héréditaire et pratiquement constitutive de l'ADN des

Rwandais et, plus largement, des Africains, condamnés aux tueries et aux barbaries spontanées sans dimension politique ni instrumentalisation[1].

Biafra (Nigeria) : un mouvement d'indépendance lié aux ressources énergétiques

Le Mouvement indépendantiste pour les peuples indigènes du Biafra (IPOB) réclame la création d'une République indépendante dans le sud-est du Nigeria, à grande majorité Igbo, où le sentiment de mise à l'écart par Abuja au profit du Nord est de plus en plus fort.

L'indépendantisme au Sud-Est, région la plus riche du pays en réserves pétrolières, ne date pas d'hier. Les premiers gisements de pétrole ont été découverts au milieu des années 1950 et 1960, dans le delta du fleuve Niger et au large de la côte nigériane[2]. Une première tentative de sécession en 1967 avait été réprimée dans le sang par les autorités. C'est une page noire de son histoire, que le Nigeria n'a pas encore tournée. Le 30 mai 1967, six ans après que le pays eut arraché son indépendance au Royaume-Uni, le lieutenant-colonel Odumegwu Ojukwu proclamait, de manière unilatérale, l'indépendance du Biafra. Cette offensive sécessionniste allait provoquer une guerre civile longue de trois ans, jusqu'à ce que les insurgés, pris en tenaille par les forces fidèles au gouvernement de Lagos, ne déposent les armes. Au total, ce conflit aura fait plus d'un million de morts.

---

1. Sonia Le Gouriellec, « La lecture exclusivement ethnique des conflits en Afrique est fallacieuse », *Le Monde*, 26 octobre 2017.
2. Mélanie Gonzalez, « Nigeria : comment la situation au Biafra s'est sensiblement aggravée », *Le Monde*, 2 octobre 2017.

Mais le rêve d'indépendance demeure vif dans l'esprit des Biafrais et refait régulièrement surface avec, en toile de fond, la question de la gestion de la rente pétrolière. Cinquante ans plus tard, les leçons de ce tragique épisode ont-elles été tirées ? De fait, beaucoup, au Biafra, se sentent toujours marginalisés, que ce soit au niveau économique ou politique. Bien que la République du Biafra ait cessé d'exister, en janvier 1970, le mouvement pro-Biafra, lui, ne s'est jamais totalement éteint. Ces dernières années, il a même connu un regain de popularité, notamment chez les jeunes, qui n'ont pas connu les affres de la guerre[1].

AMBAZONIA (CAMEROUN) : UNE RIVALITÉ ANGLO-FRANCOPHONE

De la fin du xixe siècle à 1918, le Cameroun fut une colonie allemande que Britanniques et Français se partagèrent à l'issue de la Première Guerre mondiale, chacun mettant en œuvre son mode de gouvernance des populations locales. « Les Français pensaient que l'homme noir était complètement sauvage. Les Anglais pensaient peut-être la même chose, mais ils nous ont dirigés par le système de l'"indirect rule", en laissant en apparence le pouvoir aux chefs traditionnels. Nous avons donc hérité de deux cultures qui forment notre pensée : une culture autochtone et une culture du colonisateur. Notre unité nationale est donc encore très fragile[2] », résume l'avocat et homme politique Bernard Muna.

---

1. Aymeric Janier, « Au Nigeria, le souvenir prégnant de la guerre du Biafra », *Le Monde*, 30 mai 2017.
2. Cyril Bensimon, « Au Cameroun, la déchirure anglophone », *Le Monde*, 16 juin 2017.

La République d'Ambazonia n'existe pas et ne verra très certainement jamais le jour. La grève des populations anglophones a pour objectif de revendiquer la pleine application de la « Common Law », le système judiciaire hérité de la colonisation britannique, dans leurs régions, alors que la plupart des magistrats qui y sont envoyés ne maîtrisent que le Code civil légué par le colonisateur français. À cette revendication s'ajoute une part de fantasme : pour beaucoup, les anglophones sont traités comme des « citoyens de seconde classe » et le « bilinguisme » au Cameroun n'existe que sur le papier. Cette crise, toujours irrésolue, ne laisse pas d'étonner : près de soixante ans après les indépendances, n'est-il pas paradoxal de revendiquer un héritage colonial ? À l'analyse des discours et de l'histoire, s'il existe bien une particularité anglophone, une culture et une manière de faire spécifiques aux régions du Nord-Ouest et du Sud-Ouest, les griefs portent en réalité principalement sur l'élite qui accapare le pouvoir depuis des décennies bien plus que sur une majorité francophone qui oppresserait une minorité parlant anglais.

Il y a eu des provocations de part et d'autre, mais le risque de division du Cameroun n'est pas réel. Les leaders anglophones ont commis de graves erreurs en faisant incendier des marchés, mais le pouvoir s'est montré stupide de nommer des policiers et des professeurs qui ne parlent pas anglais, et d'arrêter l'entretien des routes qui sont plus mauvaises qu'il y a cinquante ans dans les zones anglophones. Dans les rêves d'une République d'Ambazonia, les revendications fédéralistes ne seraient, dès lors, que l'expression d'une volonté de revenir à un « âge d'or » fantasmé, un désir d'échapper à un régime sclérosé dont la seule ambition est de se maintenir au pouvoir.

Classification des pays

Pays	Catégorie 1	Catégorie 2	Top 6	Afrique du Nord
Afrique du Sud	diversifié	matière première	1	
Algérie	matière première		1	1
Angola	matière première			
Bénin	prétransition			
Botswana	diversifié			
Burkina Faso	prétransition			
Burundi	prétransition			
Cap-Vert	diversifié			
Cameroun	transition			
Comores	prétransition			
RDC	prétransition			
Congo-Brazzaville	matière première			
Côte d'Ivoire	transition			
Djibouti	transition			
Égypte	diversifié	matière première	1	1
Érythrée	prétransition			
Éthiopie	prétransition			
Gabon	matière première			
Gambie	prétransition			
Ghana	transition			
Guinée	prétransition			

Pays	Catégorie 1	Catégorie 2	Top 6	Afrique du Nord
Guinée équatoriale	matière première			
Guinée-Bissau	prétransition			
Kenya	transition			
Lesotho	transition			
Libéria	prétransition			
Libye	matière première			1
Madagascar	prétransition			
Malawi	prétransition			
Mali	prétransition			
Maroc	diversifié		1	1
Maurice	diversifié			
Mauritanie	transition			
Mozambique	prétransition	matière première		
Namibie	diversifié			
Niger	prétransition			
Nigeria	matière première		1	
Ouganda	prétransition			
République centrafricaine	prétransition			
Rwanda	prétransition			
Sao Tomé-et-Principe	diversifié			
Sénégal	transition			
Seychelles	diversifié			
Sierra Leone	prétransition			
Somalie	prétransition			
Soudan	matière première		1	
Soudan du Sud	matière première			

Pays	Catégorie 1	Catégorie 2	Top 6	Afrique du Nord
Swaziland	diversifié			
Tanzanie	prétransition	matière première		
Tchad	prétransition	matière première		
Togo	prétransition			
Tunisie	diversifié			1
Zambie	transition			
Zimbabwe	transition			

STATISTIQUES ÉCONOMIQUES

Pays	PIB courant	PIB hbt courant	Doing Business	PIB courant	Inflation	PIB constant	PIB constant	PIB constant
	2016	2016	2016	2016	2016	00-16	00-08	08-16
	Md USD	USD	Classement	Croissance	%	Croissance	Croissance	Croissance
Afrique du Sud	294,84	5 273,59	74	-7,1 %	6,79 %	2,9 %	4,2 %	1,8 %
Algérie	156,08	3 843,75	156	-5,3 %	-0,72 %	3,7 %	4,2 %	3,7 %
Angola	89,63	3 110,81	182	-12,9 %	27,22 %	7,1 %	10,7 %	4,2 %
Bénin	8,58	789,44	155	3,5 %	-0,18 %	4,1 %	4,3 %	4,5 %
Botswana	15,27	6 788,04	71	5,9 %	10,79 %	4,2 %	5,1 %	3,8 %
Burkina Faso	12,12	649,73	146	8,7 %	2,94 %	5,8 %	6,4 %	5,9 %
Burundi	3,01	285,73	157	-2,9 %	2,8 %	2,9 %	3,3 %	2,8 %
Cap-Vert	1,62	2 997,75	129	2,7 %	-0,87 %	4,3 %	7,3 %	1,7 %
Cameroun	24,2	1 032,65	166	-14,8 %	-18,30 %	4,00 %	3,5 %	5,1 %
Comores	0,62	775,08	153	9,0 %	6,94 %	2,1 %	1,9 %	2,6 %
RDC	35	444,51	184	-3,3 %	3,21 %	5,5 %	4,6 %	7,3 %

Congo-Brazzaville	7,83	1 528,24	177	-8,4 %	-6,43 %	4,00 %	3,8 %	4,9 %
Côte d'Ivoire	36,16	1526,2	142	10,2 %	1,57 %	3,2 %	0,7 %	6,6 %
Djibouti	0	0	171		0 %			
Égypte	336,3	3 514,49	122	1,1 %	6,25 %	4,1 %	4,8 %	3,9 %
Érythrée	0	0	189		0 %			
Éthopie	72,37	706,76	159	12,3 %	9,45 %	9,1 %	8,1 %	11,50 %
Gabon	14,21	7 179,34	164	-0,3 %	-2,29 %	2,6 %	0,9 %	5,10 %
Gambie	0,96	473,19	145	2,7 %	4,19 %	3,2 %	3,2 %	3,70 %
Ghana	42,69	1 513,46	108	13,7 %	17,42 %	6,2 %	5,6 %	7,80 %
Guinée	6,3	508,15	163	-6,0 %	10,58 %	2,6 %	3,1 %	2,50 %
Guinée équatoriale	10,18	8 333,24	178	-16,3 %	-7,09 %	9,6 %	23 %	-2,60 %
Guinée-Bissau	1,13	620,21	172	6,6 %	1,2 %	2,9 %	2,2 %	4,10 %
Kenya	70,53	1 455,36	92	10,6 %	8,03 %	4,8 %	4,0 %	6,5 %
Lesotho	2,2	998,13	100	-5,8 %	5,95 %	3,9 %	3,7 %	4,8 %
Libéria	2,1	455,37	174	3,3 %	4,97 %	2,3 %	0,3 %	5 %

Pays	PIB courant	PIB hbt courant	Doing Business	PIB courant	Inflation	PIB constant	PIB constant	PIB constant
	2016	2016	2016	2016	2016	00-16	00-08	08-16
	Md USD	USD	Classement	Croissance	%	Croissance	Croissance	Croissance
Libye	0,0 %	0,0 %	188		0,0 %			
Madagascar	9,99	401,32	167	2,6 %	6,61 %	2,7 %	3,7 %	1,9 %
Malawi	5,44	300,79	133	-14,6 %	19,03 %	4,4 %	4,0 %	5,4 %
Mali	14,05	780,51	141	10,2 %	4,87 %	5,1 %	6,0 %	4,7 %
Maroc	101,45	2 832,43	68	0,8 %	0,19 %	4,4 %	5,2 %	4,1 %
Maurice	12,16	9 627,60	49	4,1 %	2,24 %	4,0 %	4,3 %	4,2 %
Mauritanie	4,63	1 077,56	160	-4,3 %	1,80 %	4,6 %	5,6 %	4,2 %
Mozambique	11,01	382,07	137	-25,6 %	12,17 %	7,6 %	8,6 %	7,5 %
Namibie	10,27	4 140,46	108	-10,7 %	1,78 %	4,7 %	5,1 %	5,0 %
Niger	7,51	363,23	150	5,1 %	0,38 %	5,0 %	4,8 %	6,1 %
Nigeria	405,08	2 177,99	169	-15,8 %	9,58 %	6,9 %	9,3 %	5,2 %
Ouganda	25,53	615,31	115	-8,4 %	6,62 %	6,6 %	7,7 %	6,3 %
République centrafricaine	1,76	382,21	185	10,9 %	6,36 %	-0,2 %	2,6 %	-3,3 %

Rwanda	8,38	702,84	56	1,4 %	4,89 %	7,9 %	8,6 %	8,2 %
Sao Tomé-et-Principe	0,35	1 756,06	162	10,5 %	6,51 %	4,9 %	5,4 %	5,1 %
Sénégal	14,77	958,07	147	8,5 %	1,99 %	4,2 %	4,3 %	4,8 %
Seychelles	1,43	15 075,72	93	-0,7 %	-4,98 %	3,2 %	1,9 %	5,2 %
Sierra Leone	3,67	496,05	148	-13,7 %	4,18 %	5,7 %	6,9 %	5,1 %
Somalie	6,22	434,21	190		0,00 %			
Soudan	95,58	2 415,04	168	-1,6 %	-2,72 %	5,2 %	7,7 %	3,1 %
Soudan du Sud	0,0 %	0,0 %	186		0,00 %			
Swaziland	3,73	2 775,15	111	-9,9 %	6,22 %	3,3 %	3,8 %	3,2 %
Tanzanie	47,43	879,19	132	4,0 %	6,95 %	6,7 %	6,8 %	7,6 %
Tchad	9,6	664,3	180	-11,8 %	-4,94 %	7,6 %	11,2 %	4,7 %
Togo	4,4	578,46	154	7,6 %	2,85 %	3,2 %	1,8 %	5,3 %
Tunisie	42,06	3 688,65	77	-2,5 %	5,49 %	3,3 %	4,5 %	2,4 %
Zambie	19,55	1 178,39	98	-7,6 %	6,43 %	6,5 %	6,9 %	6,9 %
Zimbabwe	16,29	1 008,60	161	1,3 %	0,65 %	-0,3 %	-7,8 %	9,0 %

Pays	PIB courant	PIB hbt courant	Doing Business	PIB courant	Inflation	PIB constant	PIB constant	PIB constant
	2016	2016	2016	2016	2016	00-16	00-08	08-16
	Md USD	USD	Classement	Croissance	%	Croissance	Croissance	Croissance
Afrique moyenne	2 126	1 745	132	-4,9 %	6,3 %	4,4 %	5,7 %	3,5 %
Afrique médiane		918,63	154	0,8 %	3,1 %	4,2 %	4,4 %	4,8 %
UE + CH NO	16 397,98	32 058,77	24	0,4 %	0,81 %	1,3 %	2,1 %	0,7 %

Pays	PIB courant	PIB hbt courant	PIB courant	Inflation	PIB constant	PIB constant	PIB constant
	2016	2016	2016	2016	00-16	00-08	08 16
	Md USD	USD	Croissance	%	Croissance	Croissance	Croissance
Afrique moyenne	2 126	1 745	-4,9 %	6,3 %	4,4 %	5,7 %	3,5 %
Afrique médiane		918,63	0,8 %	3,1 %	4,2 %	4,4 %	4,8 %

	Poids Eco.						
matière première	69,50 %	2 342	-7,8 %	4,9 %	4,3 %	6,2 %	2,7 %
diversifié	38,50 %	1 637	-2,3 %	2,2 %	3,5 %	4,5 %	2,9 %
transition	10,90 %	145	3,9 %	0,5 %	4,3 %	2,9 %	6,5 %
prétransition	14,00 %	89	1,1 %	0,9 %	5,9 %	6,1 %	6,7 %

STATISTIQUES DÉMOGRAPHIQUES

	Fertilité	Population	Population	Prévision pop	Prévision pop	Population	Population	Population
	2015	1960	2016	2050	2100	2016-50	1960-2016	2016-50
Pays	enfants/femme	M hbts	M hbts	M hbts	M hbts	Croissance brute	Croissance	Croissance
Afrique du Sud	2,49	17,40	55,91	72,75	76,49	30 %	2,1 %	0,8 %
Algérie	2,84	11,12	40,61	57,44	62,56	41 %	2,3 %	1,0 %
Angola	5,77	5,64	28,81	76,05	172,86	164 %	3,0 %	2,9 %

Pays	Fertilité	Population	Population	Prévision pop	Prévision pop	Population	Population	Population
	2015	1960	2016	2050	2100	2016-50	1960-2016	2016-50
	enfants/femme	M hbts	M hbts	M hbts	M hbts	Croissance brute	Croissance	Croissance
Bénin	5,05	2,43	10,87	23,93	44,33	120 %	2,7 %	2,3 %
Botswana	2,77	0,52	2,25	3,42	3,77	52 %	2,6 %	1,2 %
Burkina Faso	5,44	4,83	18,65	43,21	81,72	132 %	2,4 %	2,5 %
Burundi	5,78	2,79	10,52	25,76	54,51	145 %	2,4 %	2,7 %
Cap-Vert	2,37	0,20	0,54	0,73	0,71	36 %	1,8 %	0,9 %
Cameroun	4,78	5,18	23,44	49,82	91,64	113 %	2,7 %	2,2 %
Comores	4,42	0,19	0,80	1,46	2,16	84 %	2,6 %	1,8 %
RDC	6,20	15,25	78,74	197,40	378,98	151 %	3,0 %	2,7 %
Congo-Brazzaville	4,72	1,04	5,13	11,51	23,58	125 %	2,9 %	2,4 %
Côte d'Ivoire	4,98	3,56	23,70	51,38	103,56	117 %	3,4 %	2,3 %
Djibouti	2,91	0,08	0,94	1,31	1,26	39 %	4,4 %	1,0 %
Égypte	3,31	27,00	95,69	153,43	198,75	60 %	2,3 %	1,4 %

Érythrée	4,21	1,40		9,61	14,78			1,8 %
Éthiopie	4,32	22,15	102,40	190,87	249,53	86 %	2,8 %	1,8 %
Gabon	3,85	0,50	1,98	3,52	5,00	78 %	2,5 %	1,7 %
Gambie	5,49	0,37	2,04	4,56	7,18	124 %	3,1 %	2,4 %
Ghana	4,04	6,65	28,21	51,27	76,75	82 %	2,6 %	1,8 %
Guinée	4,93	3,58	12,40	26,85	48,33	117 %	2,2 %	2,3 %
Guinée équatoriale	4,78	0,26	1,22	2,84	4,74	133 %	2,8 %	2,5 %
Guinée-Bissau	4,71	0,62	1,82	3,60	5,90	98 %	1,9 %	2,0 %
Kenya	3,92	8,11	48,46	95,47	142,12	97 %	3,2 %	2,0 %
Lesotho	3,14	0,85	2,20	3,20	3,90	45 %	1,7 %	1,1 %
Libéria	4,65	1,12	4,61	9,80	17,80	112 %	2,6 %	2,2 %
Libye	2,31	1,45	6,29	8,12	7,43	29 %	2,7 %	0,8 %
Madagascar	4,24	5,10	24,89	53,80	98,00	116 %	2,9 %	2,3 %
Malawi	4,65	3,62	18,09	41,71	75,71	131 %	2,9 %	2,5 %
Mali	6,15	5,26	17,99	44,02	83,21	145 %	2,2 %	2,7 %
Maroc	2,53	12,33	35,28	45,66	43,94	29 %	1,9 %	0,8 %
Maurice	1,36	0,66	1,26	1,22	0,93	-3 %	1,2 %	-0,1 %

Pays	Fertilité 2015 (enfants/femme)	Population 1960 (M hbts)	Population 2016 (M hbts)	Prévision pop 2050 (M hbts)	Prévision pop 2100 (M hbts)	Population 2016-50 (Croissance brute)	Population 1960-2016 (Croissance)	Population 2016-50 (Croissance)
Mauritanie	4,74	0,86	4,30	8,97	15,52	108 %	2,9 %	2,2 %
Mozambique	5,31	7,39	28,83	67,77	135,05	135 %	2,5 %	2,5 %
Namibie	3,47	0,60	2,48	4,34	5,83	75 %	2,6 %	1,7 %
Niger	7,29	3,39	20,67	68,45	192,19	231 %	3,3 %	3,6 %
Nigeria	5,59	45,14	185,99	410,64	793,94	121 %	2,6 %	2,4 %
Ouganda	5,68	6,79	41,49	105,70	213,76	155 %	3,3 %	2,8 %
République centrafricaine	4,94	1,50	4,59	8,85	14,06	93 %	2,0 %	1,9 %
Rwanda	3,97	2,93	11,92	21,89	28,18	84 %	2,5 %	1,8 %
Sao Tomé-et-Principe	4,52	0,06	0,20	0,38	0,61	90 %	2,0 %	1,9 %
Sénégal	4,84	3,21	15,41	34,03	64,81	121 %	2,8 %	2,4 %
Seychelles	2,30	0,04	0,09	0,10	0,08	2 %	1,5 %	0,1 %

Sierra Leone	4,56	2,30	7,40	12,97	16,49	75 %	2,1 %	1,7 %
Somalie	6,37	2,76	14,32	35,85	78,97	150 %	3,0 %	2,7 %
Soudan	4,60	7,54	39,58	80,39	138,65	103 %	3,0 %	2,1 %
Soudan du Sud	4,94	2,96	12,23	25,37	42,79	107 %	2,6 %	2,2 %
Swaziland	3,14	0,35	1,34	2,08	2,46	55 %	2,4 %	1,3 %
Tanzanie	5,08	10,07	55,57	138,08	303,83	148 %	3,1 %	2,7 %
Tchad	6,05	3,00	14,45	33,64	61,69	133 %	2,8 %	2,5 %
Togo	4,52	1,58	7,61	15,30	25,25	101 %	2,8 %	2,1 %
Tunisie	2,22	4,18	11,40	13,88	13,32	22 %	1,8 %	0,6 %
Zambie	5,04	3,04	16,59	41,00	94,41	147 %	3,1 %	2,7 %
Zimbabwe	3,84	3,75	16,15	29,66	40,69	84 %	2,6 %	1,8 %
Afrique moyenne	4,67	284,68	1 218,36	2 525,06	4 464,62	107 %	2,6 %	2,2 %
UE + CH NO	1,58	409,50	511,50	534,71	491,51	5 %	0,4 %	0,1 %

STATISTIQUES DE DÉVELOPPEMENT HUMAIN

Pays	IDH	ICH	Bidonville	Pop urbaine	mort 5 ans	Esp vie	Eau	Homicide	Guerre
	2015	2017	2014	2016	2016	2015	2015	2015	2014-16 pyp hbt
	indice (0-1)	indice (0-1)	%	%	pour 1000 hbts	années	accès %	pr. 100 k hbts	pr. 100 k hbts / an
Afrique du Sud	0,67	0,41	23,0	65,3	43,3	61,9	84,7	34,3	0,0
Algérie	0,75	0,52	0,0	71,3	25,2	75,9	93,5	1,4	24,9
Angola	0,53	0,36	55,5	44,8	82,5	61,2	41,0	9,6	0,0
Bénin	0,49	0,41	61,5	44,4	97,6	60,6	67,0	6,0	0,0
Botswana	0,70	0,42	0,0	57,7	40,6	65,8	79,2	0,0	0,0
Burkina Faso	0,40	0,37	65,8	30,7	84,6	59,8	53,9	0,0	0,0
Burundi	0,40	0,38	57,9	12,4	71,7	57,1	55,9	0,0	57,6
Cap-Vert	0,65		0,0	66,2	21,4	72,4	86,5	8,8	0,0
Cameroun	0,52	0,39	37,8	54,9	79,7	57,6	65,3	5,9	294,9
Comores	0,50	0,41	69,6	28,4	73,3	63,5	83,7	7,6	0,0
RDC	0,44	0,37	74,8	43,0	94,3	59,2	41,8	13,4	61,1
Congo-Brazzaville	0,59	0,42	46,9	65,8	54,1	64,1	68,3	10,1	33,2

Côte d'Ivoire	0,47	0,35	56,0	54,9	91,8	53,1	73,1	11,8	0,0
Djibouti	0,47		65,6	77,4	64,2	62,2	76,9	6,8	0,0
Égypte	0,69	0,49	10,6	43,2	22,8	71,3	98,4	0,0	41,9
Érythrée	0,42		0,0	0,0	44,5	64,6	19,3	7,5	18,6
Éthiopie	0,45	0,39	73,9	19,9	58,4	65,0	39,1	7,6	4,0
Gabon	0,70	0,45	37,0	87,4	47,4	65,7	87,5	9,0	0,0
Gambie	0,45	0,40	34,8	60,2	65,3	61,0	80,1	9,1	0,0
Ghana	0,58	0,44	37,9	54,7	58,8	62,4	77,8	0,0	0,0
Guinée	0,41	0,37	43,3	37,7	89,0	59,4	67,4	8,5	0,0
Guinée équatoriale	0,59		66,2	40,1	90,9	57,5	49,6	3,2	0,0
Guinée-Bissau	0,42		82,3	50,1	88,1	57,0	69,2	9,2	0,0
Kenya	0,56	0,52	56,0	26,1	49,2	66,6	58,5	5,8	9,0
Lesotho	0,50	0,37	50,8	27,8	93,5	53,6	71,6	0,0	0,0
Libéria	0,43	0,32	65,7	50,1	67,4	62,0	69,9	0,0	0,0
Libye	0,72		0,0	78,8	12,9	71,8	96,8	2,5	1 230,9
Madagascar	0,51	0,37	77,2	35,7	46,4	65,5	50,6	0,0	0,0
Malawi	0,48	0,41	66,7	16,5	55,1	62,5	50,6	0,0	0,0

Pays	IDH	ICH	Bidonville	Pop urbaine	mort 5 ans	Esp vie	Eau	Homicide	Guerre
	2015	2017	2014	2016	2016	2015	2015	2015	2014-16 pyp hbt
	indice (0-1)	indice (0-1)	%	%	pour 1000 hbts	années	accès %	pr. 100 k hbts	pr. 100 k hbts / an
Mali	0,44	0,32	56,3	40,7	110,6	57,5	74,3	10,8	76,7
Maroc	0,65	0,50	13,1	60,7	27,1	75,5	83,0	0,0	0,0
Maurice	0,78	0,63	0,0	39,5	13,7	74,4	99,9	0,0	0,0
Mauritanie	0,51	0,35	79,9	60,4	81,4	63,0	69,6	10,2	0,0
Namibie	0,64	0,44	33,2	47,6	45,2	63,6	78,8	0,0	0,0
Niger	0,35	0,32	70,1	19,0	91,3	59,7	45,8	0,0	97,7
Nigeria	0,53	0,34	50,2	48,6	104,3	53,0	67,3	9,8	192,4
Ouganda	0,49	0,38	53,6	16,4	53,0	59,5	38,9	0,0	0,0
République centrafricaine	0,35		93,3	40,3	123,6	51,4	54,1	13,1	12,3
Rwanda	0,50	0,37	53,2	29,8	38,5	66,6	56,7	0,0	0,0
Sao Tomé-et-Principe	0,57		86,6	65,6	33,8	66,4	79,7	0,0	0,0
Sénégal	0,49	0,42	39,4	44,1	47,1	66,7	75,2	7,3	0,0

Seychelles	0,78	0,68	0,0	54,2	14,3	73,2	96,3	0,0	0,0
Sierra Leone	0,42	0,35	75,6	40,3	113,5	51,4	58,1	1,9	0,0
Somalie			73,6	40,0	132,5	55,9	40,0	5,6	978,3
Soudan	0,49	0,38	91,6	34,0	65,1	64,2	58,9	6,5	288,6
Soudan du Sud	0,42	0,30	95,6	19,0	90,7	56,3	50,4	0,0	784,1
Swaziland	0,54		32,7	21,3	70,4	56,9	67,6	0,0	0,0
Tanzanie	0,53	0,40	50,7	32,3	56,7	64,9	50,1	7,0	0,0
Tchad	0,40	0,29	88,2	22,6	127,3	52,6	42,5	9,0	63,4
Togo	0,49	0,41	51,2	40,5	75,7	59,9	62,8	9,1	0,0
Tunisie	0,73	0,51	8,0	67,0	13,6	75,5	94,2	0,0	0,0
Zambie	0,58	0,40	54,0	41,4	63,4	61,3	61,2	0,0	0,0
Zimbabwe	0,52	0,44	25,1	32,3	56,4	60,3	66,6	0,0	0,0
Afrique moyenne	0,59	0,42	50,81	40,98	67,85	61,97	63,37	6,79	83,2
Afrique médiane	0,50	0,40	53,8	41,0	64,7	62,0	67,4	4,4	0,0
UE + CH NO	0,90	0,77	0,0	75,0	4,1	81,1	99,8	1,0	0,0

Composé par Nord Compo

Dépôt légal : février 2019
Imprimé en Allemagne par BoD

www.ingramcontent.com/pod-product-compliance
Lightning Source LLC
LaVergne TN
LVHW051153060726

842526LV00014B/3180